MARCO POLO

ARABISCH

W0053039

Sprachführer mit
Insider
Tipps

Sprechen und Verstehen — ganz einfach

MAIRS GEOGRAPHISCHER VERLAG

INHALT

Schrift und Aussprache

Die arabische Schrift ist eine Schreibschrift und wird von rechts nach links gelesen. Im Folgenden werden Name, Schreibweisen und Aussprache der arabischen Schriftzeichen erklärt. Je nach Verbindung mit den benachbarten Buchstaben werden die Zeichen unterschiedlich geschrieben und teilweise auch anders ausgesprochen. Mit etwas Übung und Zeit kann mit der folgenden Erklärung des arabischen Alphabets die arabische Schrift gelesen werden.

Wer sich auf einfache Weise verständigen möchte, kann sich mit der Transkription begnügen, die sich an der allgemeinen Umgangssprache orientiert. Das bedeutet unter anderem vereinfachte Aussprache einiger Laute, vereinfachte Aussprache des bestimmten Artikels **al** im Satzinnern und vollständiger Verzicht auf die für die Hochsprache typischen vokalischen Flexionsendungen bei Nomen und Verben. Folgende Besonderheiten zur Aussprache jedoch sind für die Verständigung wichtig und sollten beachtet werden:

● ṯ wie stimmloses „th" in engl. **thing**, ḏ wie stimmhaftes „th" in engl. **the**.
● ' ist ein stimmhafter Kehllaut, klingt wie ein aus der Kehle gepresstes **a**.
● gh ist ein ungerolltes Zäpfchen-**r** wie in hochdeutsch wa**ren**.
● ā, ū, ī werden lang ausgesprochen wie in H**ahn, Huhn, Miete**.

Das Arabische Alphabet

Name	allein-stehend	nach rechts verbunden	in der Wort-mitte	am Wort-anfang	Transkrip-tion	Aussprache
alif	ا	ا			ā	Im Wortinnern zeigt es an, dass der vorhergehende kurze Vokal a gedehnt ausgesprochen wird wie in K**ahn**.
bā	ﺏ	ﺐ	ﺒ	ﺑ	b	wie in **Bohne**
tā	ﺕ	ﺖ	ﺘ	ﺗ	t	wie in **Teller**
ṯā	ﺙ	ﺚ	ﺜ	ﺛ	ṯ	wie in engl. **thing**
dschīm	ﺝ	ﺞ	ﺠ	ﺟ	dsch	wie in engl. **John**

Name	allein-stehend	nach rechts verbunden	in der Wort-mitte	am Wort-anfang	Transkrip-tion	Aussprache
hā	ح	ح	ـح	حـ	h	stimmloser Reibelaut, im Hals gesprochen, tiefer als das deutsche „ch"
chā	خ	خ	ـخـ	خـ	ch	wie in a**ch**
dāl	د	ـد			d	wie in **D**elle
ḍāl	ذ	ـذ			ḍ	wie in engl. **th**e
rā	ر	ـر			r	gerolltes Zungenspitzen-**r**
sāj	ز	ـز			s	wie in le**s**en
sīn	س	ـس	ـسـ	سـ	s	wie in rei**ß**en, la**ss**en
schīn	ش	ـش	ـشـ	شـ	sch	wie in **sch**ön
sād	ص	ـص	ـصـ	صـ	s	im Gaumen hinten, deutlich gesprochenes **s**
dād	ض	ـض	ـضـ	ضـ	d	im Gaumen hinten, deutlich gesprochenes **d**
tā	ط	ـط	ـطـ	طـ	t	im Gaumen hinten, deutlich gesprochenes **t**
ḍā	ظ	ـظ	ـظـ	ظـ	ḍ	im Gaumen hinten, deutlich gesprochenes **d**
'ain	ع	ـع	ـعـ	عـ	'	stimmhafte Entsprechung von hā, hört sich an wie ein aus der Kehle hervorgepresstes **a**
ghain	غ	ـغ	ـغـ	غـ	gh	wie ein ungerolltes Zäpfchen-**r**, zum Beispiel in wa**r**en
fā	ف	ـف	ـفـ	فـ	f	wie in **f**allen
qāf	ق	ـق	ـقـ	قـ	q	stimmloser Verschlusslaut, im Hals gesprochen; tiefer als das deutsche **k**
kāf	ك	ـك	ـكـ	كـ	k	wie in **K**ahn

Name	allein- stehend	nach rechts verbunden	in der Wort- mitte	am Wort- anfang	Transkrip- tion	Aussprache
lām	ل	ـل	ـلـ	لـ	l	wie in **Luft**
mīm	م	ـم	ـمـ	مـ	m	wie in **Mut**
nūn	ن	ـن	ـنـ	نـ	n	wie in **Nase**
hā	ه	ـه	ـهـ	هـ	h	wie in **Halle**
wāw	و	ـو			w	wie in engl. **w**in
					ū	wie langes u (wie in H**uh**n)
jā	ي	ـي	ـيـ	يـ	j	wie in **j**eder
					ī	wie langes i, z. B. in M**ie**te
					ā	wie langes a, z. B. in K**ah**n

Die Vokalzeichen

Im Arabischen werden in der Regel die kurzen Vokale nicht geschrieben. In diesem Sprachführer werden die Vokale durch Zeichen über bzw. unter den Buchstaben angegeben (wie das im Schriftarabischen z. B. im Koran und in Gedichten üblich ist).

° (kein Vokal)	´ a	' u	, i
nur am Wortende:	' an	'' un	, in
Konsonantenverdopplung:	ّ		

Abkürzungen

adj	Adjektiv, Eigenschaftswort	*m*	männliche Form
adv	Adverb, Umstandswort	*pl*	Mehrzahl
äg.	ägyptisch	*s.*	sich
f	weibliche Form	*sing*	Einzahl
		syr.	syrisch

Auftakt
Wie man Freunde gewinnt

Egal in welchem der arabischen Länder Sie sich aufhalten, Sie werden keine Schwierigkeiten haben, Kontakt mit Einheimischen zu knüpfen. Die Freundlichkeit, Hilfsbereitschaft und natürlich auch Neugier der Araber werden es Ihnen leicht machen. Heute finden Sie neben den traditionellen Wasserpfeifenkaffees der alten Männer auch Szene- und In-Lokale, wo sich die Jüngeren treffen. Hier können Sie dann mehr über das tägliche Leben der Menschen im Land erfahren und kommen über die beliebten Gesprächsthemen wie Fußball-Bundesliga oder Mercedes Benz hinaus.

Ja.	na'am	نَعَمْ
Nein.	lā/kallā	لَا / كَلَّا
Bitte.	'afwan	عَفْوًا
Danke!	schukran	شُكْرًا
Wie bitte?	na'am?	نَعَمْ؟
Einverstanden!	muwāfiq	مُوَافِقٌ
In Ordnung!	'alā mā jurām	عَلَى مَا يُرَامُ
Verzeihung!	'uḍran	عُذْرًا
Ich möchte...	awadd/urīd	أَوَدُّ / أُرِيدُ
Gibt es ...?	hal jūdschad ...	هَلْ يُوْجَدُ ...؟
Hilfe!	an-nadschda	اَلنَّجْدَةَ!

Wer, wie was?

Wer?	man	مَنْ؟
Was?	māḍā	مَاذَا؟
Welcher?/Welches?	ajj	أَيُّ؟
Welche?	ajja	أَيَّةٌ؟
Wem?/Wen?	man	مَنْ؟
Wie viel?	kam	كَمْ؟
Wie?	kaifa	كَيْفَ؟
Warum?/Weshalb?	li-māḍā	لِمَاذَا؟
Wo (ist/sind ...)?	ain	أَيْنَ؟
Wann?	matā	مَتَى؟

KENNENLERNEN

| **GUTEN TAG!** | as-salāmu 'alaikum | السَّلَامُ عَلَيْكُمْ! |

Begrüßung

M an(n) gibt sich zur Begrüßung die Hand. Dazu werden, wenn man sich gut kennt, auch die Wangen geküsst. Nachdem man sich die Hand gegeben hat, führen viele Männer ihre Hand an die eigene Brust, etwa in Höhe des Herzens. Manchmal wird die Hand auch zuerst an die Stirn geführt. Dies soll Freundschaft oder Verbundenheit signalisieren, mit Herz und Verstand. Viele Frauen, besonders aus islamisch-traditionellem Hintergrund, geben nur Frauen die Hand. Männer sollten also höflicherweise eine Frau nur dann per Handschlag begrüßen, wenn diese ihre Hand entgegen streckt. Übrigens: Geben Sie zum Gruß nie die linke Hand – das gilt als Beleidigung!

Guten Abend!

مَسَاءَ الْخَيْرِ!
masā l-chair

Hallo!/Grüß dich!

مَرْحَبًا!
marhaban

Wie ist Ihr Name, bitte?/Wie heißt Du?

مَا اسْمُكَ مِنْ فَضْلِكَ؟
mā ismak (f-ik) min fadlak (f-ik)

| **MEIN NAME IST .../ ICH HEISSE ...** | ismī ... | اِسْمِي ... |

Freut mich, Sie kennen zu lernen.

يُسْعِدُنِي التَّعَرُّفُ إِلَيْكَ
jus'idnī t-ta'arruf ilaika (f-ki)

Darf ich bekannt machen?

هَلْ تَسْمَحُ بِأَنْ أُقَدِّمَ لَكَ؟
hal tasmah (f-īn) bi-an uqaddim lak (f-ik)

Das ist ...

هَذَا / هَذِهِ
hādā (m) / hādihī (f)

Frau .../ Fräulein ...

اَلسَّيِّدَةُ .../اَلآنِسَةُ ...
as-sajjida .../al-ānisa ...

Herr ...

اَلسَّيِّدُ ...
as-sajjid ...

Wie geht es Ihnen/dir?	كَيْفَ حَالُكَ؟ / كَيْفَ حَالُكِ؟
	kaif hālak (m) / kaif hālik (f)
Danke. Und Ihnen/dir?	شُكْرًا، وَكَيْفَ حَالُكَ أَنْتَ؟ / حَالُكِ أَنْتِ؟
	schukran, wa kaif hālak anta (m) / hālik anti (f)
Woher kommen Sie/kommst du?	مِنْ أَيْنَ أَنْتَ؟ / أَنْتِ؟
	min ain anta (m) / anti (f)
Ich bin aus ...	أَنَا مِنْ ...
	anā min ...

JA, BITTE	na'am, min fadlak (f-ik) نَعَمْ، مِنْ فَضْلِكَ
Darf ich Sie/dich um einen Gefallen bitten?	هَلْ أَسْتَطِيعُ أَنْ أَطْلُبَ مِنْكَ مَعْرُوفًا؟
	hal astatī' an atlub minak (f-ik) ma'rūf
Gestatten Sie?	هَلْ تَسْمَحُ لِي؟
	hal tasmah (f-īn) lī
Können Sie mir bitte helfen?	هَلْ تَسْتَطِيعُ مُسَاعَدَتِي؟
	hal tastatī' (f-īn) musā'adatī

DANKE!	schukran شُكْرًا
Vielen Dank!	شُكْرًا جَزِيلًا
	schukran dschasīlan
Nein, danke.	كَلَّا، وَشُكْرًا
	kallā, wa schukran
Danke, gleichfalls.	شُكْرًا، أَرْجُو لَكَ الشَّيْءَ نَفْسَهُ
	schukran, ardschū lak (flik) isch-schai nafshu
Das ist nett, danke.	هَذَا لُطْفٌ مِنْكَ، شُكْرًا
	hādā lutf minak (f-ik), schukran
Mit Vergnügen!	بِكُلِّ سُرُورٍ!
	bi-kull surūr
Bitte sehr./Gern geschehen.	عَفْوًا/بِكُلِّ سُرُورٍ
	'afwan/bi-kull surūr

ENTSCHULDIGUNG!	'afwan/'udran عَفْوًا/عُذْرًا!
Das tut mir Leid.	يُؤْسِفُنِي هَذَا
	jusifnī hādā
Schade!	يَا لَلْخَسَارَةِ!
	jā la-l-chasāra

'afwan/māḏā عَفْوًا/مَاذَا؟

Ich verstehe Sie/dich nicht. Bitte, wiederholen Sie/ wiederhole es.

لَمْ أَفْهَمْ/أَعِدْ مِنْ فَضْلِكَ

lam afham/a'id (f·a'īdī) min fadlak (f·ik)

Bitte sprechen Sie/sprich etwas langsamer.

مِنْ فَضْلِكَ، تَكَلَّمْ بِشَكْلٍ أَبْطَأَ

min fadlak (f·ik), takallam (f·ī) bi-schakl abta

Ich verstehe/habe verstanden.

مَفْهُومٌ/فَهِمْتُ

mafhūm/fahimtu

Ich spreche nur wenig ...

... أَتَكَلَّمُ قَلِيلًا مِنْ

atakallam qalīl min ...

Schreiben Sie/Schreibe es mir bitte auf!

أُكْتُبْهَا لِي مِنْ فَضْلِكَ!

uktubhā (f·uktubīhā) lī min fadlak (f·ik)

mawā'īd مَوَاعِيدُ

Tabu

Sich küssen in der Öffentlichkeit sollte man am Besten bleiben lassen. Insgesamt wird Körperkontakt zwischen verschieden-geschlechtlichen Personen in der Öffentlichkeit nicht gern gesehen. Dagegen sieht man häufig Männer miteinander Hand in Hand gehen. Das sind keine homosexuellen Paare, sondern einfach gute Freunde.

Hast du für morgen etwas vor?

هَلْ أَنْتَ مُرْتَبِطٌ بِشَيْءٍ غَدًا؟

hal anta (f·i) murtabit (f·a) bi-schai ghadan

Kannst du mich führen ...

... هَلْ يُمْكِنُكَ أَنْ تَأْخُذَنِي إِلَى

hal mumkin an tachuḏnī (f·ḏīnī) ilā ...

zum Goldmarkt?

سُوقِ الذَّهَبِ؟

sūq iḏ·ḏahab

zum Kamelrennen?

سِبَاقِ الإِبِلِ؟

sibāq il·ibil

zu einer volkstümlichen Veranstaltung?

حَفْلَةٍ شَعْبِيَّةٍ؟

hafla scha'bīja

zu einer arabischen Hochzeitsfeier?

عُرْسٍ عَرَبِيٍّ؟

'urs 'arabī

zu einer Tour in die Wüste?	جَوْلَةٍ فِي الصَّحْرَاءِ؟ dschaula fī s-sahrā
zu einem Rundgang in der Altstadt?	جَوْلَةٍ فِي الْمَدِينَةِ الْقَدِيمَةِ؟ dschaula fī l-madīna l-qadīma
Wollen wir heute Abend miteinander ausgehen?	هَلْ تُرِيدُ أَنْ نَخْرُجَ مَعًا مَسَاءَ الْيَوْمِ؟ hal turīd (f-īn) an nachrudsch ma'an masā al-jaum
Darf ich Sie/dich zum Essen einladen?	هَلْ تَسْمَحُ لِي بِدَعْوَتِكَ إِلَى الطَّعَامِ؟ hal tasmah (f-īn) lī bi-da'watak (f-ik) ilā t-ta'ām
Wann treffen wir uns?	مَتَى نَلْتَقِي؟ matā naltaqī
Hast du einen Freund/eine Freundin?	هَلْ لَدَيْكَ صَدِيقٌ/صَدِيقَةٌ؟ hal ladaika (f-ki) sadīq/sadīqa
Bist du verheiratet?	هَلْ أَنْتَ مُتَزَوِّجٌ؟ hal anta (f-anti) mutasawwidsch (f-a)
Es würde mich freuen, deine Familie kennen zu lernen.	يُسْعِدُنِي لَوْ تَعَرَّفْتُ بِعَائِلَتِكَ؟ jus'idnī lau ta'arraftu bi-'āilatak (f-ik)
Ich hoffe, dass wir uns bald wieder sehen.	آمُلُ أَنْ نَلْتَقِيَ مَرَّةً أُخْرَى قَرِيبًا āmul an naltaqī marra uchrā qarīban
Lassen Sie mich bitte in Ruhe!	أُتْرُكْنِي وَشَأْنِي مِنْ فَضْلِكَ! utruknī wa schanī min fadlak
Jetzt reicht's!	كَفَى! kafā

Zeigt nicht her eure Füße

Insider Tipp

Beine überschlagen wird als unhöflich empfunden. Ganz besonders sollte man aber auf seine Beine und Füße achten, wenn man zu Gast bei einer Familie auf dem Land oder bei einer traditionell lebenden Familie ist. Hier sitzt man im „Salon", dem Empfangszimmer, meist auf Matten und Kissen auf dem Boden (im Schneidersitz oder ins Kissen gelümmelt – einfach dem Gastgeber abschauen). Auf jeden Fall sollte man es vermeiden, dem Gastgeber in irgendeiner Art die Fußsohlen entgegen zu strecken.

Wunderbar!

Sind Sie von Ihrem Urlaub so richtig begeistert? Dann finden Sie hier ein paar Ausdrücke, um das richtig „rüberzubringen":

gut, schön, o.k.	kuwajjis *(Ägy. Orient)*	كُوَيِّسْ
gut, schön, o.k.	bāhī *(Tun.)*, misjān *(Mar.)*	بَاهِي ، مِزْيَانْ
vortrefflich, ausgezeichnet	mumtās	مُمْتَازْ
erstaunlich, wunderbar	'adschīb	عَجِيبْ
groß, gewaltig, großartig	'aďīm	عَظِيمْ
fabelhaft, enorm, riesig	hāïl	هَائِلْ

AUF WIEDERSEHEN!		إِلَى اللِّقَاءِ/مَعَ السَّلَامَةِ!
		ilā l-liqā/ ma'a s-salāma
Bis bald!	ilā l-liqā qarīban	إِلَى اللِّقَاءِ قَرِيبًا!
Bis später!	ilā l-liqā fīmā ba'd	إِلَى اللِّقَاءِ فِيمَا بَعْدُ!
Bis morgen!	ilā l-ghad	إِلَى الْغَدِ!
Gute Nacht!	tusbih *(f-īn)* 'alā chair	تُصْبِحُ عَلَى خَيْرٍ!
Tschüss!	salām	سَلَامٌ!

HERZLICHEN GLÜCKWUNSCH!		أَلْفُ مَبْرُوكٍ!
		alf mabrūk
Alles Gute zum Geburtstag!	'īd mīlād sa'īd	عِيدُ مِيلَادٍ سَعِيدٍ!
Viel Erfolg!	atamannā	أَتَمَنَّى لَكَ نَجَاحًا بَاهِرًا!
	lak *(f-*lik) nadschāh bāhir	
Viel Glück!	atamannā	أَتَمَنَّى لَكَ حَظًّا سَعِيدًا!
	lak *(f-*lik) haďď sa'īd	
Gesegnete Pilgerfahrt!	hadsch mabrūr	حَجٌّ مَبْرُورٌ!
Gute Besserung!	atamannā	أَتَمَنَّى لَكَ شِفَاءً عَاجِلًا!
	lak *(f-*lik) schifā 'ādschil	

GESTIK/MIMIK

So verstehen Sie die Gesten der Araber:

Immer mit der Ruhe, bloß keine Aufregung!

Die beiden haben Stunk.

Komm mal her!

Du spinnst wohl! Tickst du noch richtig?

Ablehnung, Verneinung

Mein Herz ist bei dir!

Die sind ganz dicke Freunde.

Ich kann nicht mehr (essen)!

Was willst du?/ Wohin willst du?

WO GEHT'S LANG?

Bitte, wo ist ...?	min faḍlak (f·ik), ain ...	مِنْ فَضْلِك، أَيْنَ ...؟
Tut mir Leid, das weiß ich nicht.	āsif, lā 'arif	آسِفٌ، لَا أَعْرِفُ
Wie weit ist es zum/ zur ...?	mā hija l-masāfa ilā ...	مَا هِيَ الْمَسَافَةُ إِلَى ...؟
Welches ist der kürzeste Weg nach/zu ...?	mā huwa aqsar tarīq ilā ...	مَا هُوَ أَقْصَرُ طَرِيقٍ إِلَى ...؟
Gehen Sie ...	iḏhab (fiḏhabī)	اِذْهَبْ ...
geradeaus/	ilā l-amām/	إِلَى الأَمَامِ/
nach links/	ilā sch·schimāl/	إِلَى الشِّمَالِ/
nach rechts.	ilā l-jamīn	إِلَى الْيَمِينِ
Erste/Zweite Straße	auwal/ṯānī schāri'	أَوَّلُ/ثَانِي شَارِعٍ
links/	ilā sch·schimāl/	إِلَى الشِّمَالِ/
rechts.	ilā l-jamīn	إِلَى الْيَمِينِ
Überqueren Sie ...	u'bur (fu'burī)	أُعْبُرْ
die Brücke.	al·dschisr/al·kūbirī (äg.)	الْجِسْرَ/الْكُوبِرِي
den Platz.	as·sāha/al·maidān	السَّاحَةَ/الْمَيْدَانَ
die Straße.	asch·schāri'	الشَّارِعَ
Sie können den Bus Nr. ... nehmen.	tastaṭī' rukūb il·ūtūbīs raqm ...	تَسْتَطِيعُ رُكُوبَ الأُوتُوبِيسِ رَقْمٍ ...

ZAHLEN

0	sifr	٠ – صِفْرٌ
1	wāhid	١ – وَاحِدٌ
2	itnān	٢ – اِثْنَانِ
3	talāta	٣ – ثَلَاثَةٌ
4	arba'a	٤ – أَرْبَعَةٌ
5	chamsa	٥ – خَمْسَةٌ
6	sitta	٦ – سِتَّةٌ
7	sab'a	٧ – سَبْعَةٌ
8	tamānija	٨ – ثَمَانِيَةٌ
9	tis'a	٩ – تِسْعَةٌ
10	'aschra	١٠ – عَشْرَةٌ
11	ahada 'aschar	١١ – أَحَدَ عَشَرَ
12	itna 'aschar	١٢ – اِثْنَا عَشَرَ
13	talātata 'aschar	١٣ – ثَلَاثَةَ عَشَرَ
14	arba'ata 'aschar	١٤ – أَرْبَعَةَ عَشَرَ
15	chamsata 'aschar	١٥ – خَمْسَةَ عَشَرَ
16	sittata 'aschar	١٦ – سِتَّةَ عَشَرَ
17	sab'ata 'aschar	١٧ – سَبْعَةَ عَشَرَ
18	tamānijata 'aschar	١٨ – ثَمَانِيَةَ عَشَرَ
19	tis'ata 'aschar	١٩ – تِسْعَةَ عَشَرَ
20	'ischrūn	٢٠ – عِشْرُونَ
21	wāhid wa 'ischrūn	٢١ – وَاحِدٌ وَعِشْرُونَ
30	talātūn	٣٠ – ثَلَاثُونَ
40	arba'ūn	٤٠ – أَرْبَعُونَ
50	chamsūn	٥٠ – خَمْسُونَ
60	sittūn	٦٠ – سِتُّونَ
70	sab'ūn	٧٠ – سَبْعُونَ
80	tamānūn	٨٠ – ثَمَانُونَ
90	tis'ūn	٩٠ – تِسْعُونَ
100	mia	١٠٠ – مِئَةٌ
101	mia wa wāhid	١٠١ – مِئَةٌ وَوَاحِدٌ
1000	alf	١٠٠٠ – أَلْفٌ
10 000	'aschrat ālāf	١٠٠٠٠ – عَشْرَةُ آلَافٍ

| UHRZEIT | as-sā'a | اَلسَّاعَةُ |

Können Sie mir bitte sagen, wie spät es ist?	achbirnī (ʃachbirīnī) min fadlak (f-ik): kam is-sā'a	أَخْبِرْني مِنْ فَضْلِكَ: كَمِ السَّاعَةُ؟
Es ist (genau/ungefähr) ...	as-sā'a l-ān (tamāman/hawālā) ...	اَلسَّاعَةُ الآنَ (تَمَامًا/حَوَالَى) ...

3 Uhr.	aṭ-ṭāliṭa	اَلثَّالِثَةُ
5 nach 3.	aṭ-ṭāliṭa wa chams daqāiq	اَلثَّالِثَةُ وَخَمْسُ دَقَائِقَ
3 Uhr 10.	as-sā'a ṭ-ṭāliṭa wa 'aschr daqāiq	اَلسَّاعَةُ الثَّالِثَةُ وَعَشْرُ دَقَائِقَ
halb 4.	as-sā'a ṭ-ṭāliṭa wa n-nisf	اَلسَّاعَةُ اَلثَّالِثَةُ وَ النِّصْفُ
Viertel vor 4.	ar-rābi'a illā rub'an	اَلرَّابِعَةُ إِلاَّ رُبُعًا
12 Uhr mittag./ Mitternacht.	aṭ-ṭānija 'aschra ḍuhran / muntasaf il-lail	اَلثَّانِيَةُ عَشْرَةَ ظُهْرًا/مُنْتَصَفُ اللَّيْلِ

Um wie viel Uhr?/Wann?	fī ajja sā'a/matā	فِي أَيَّةِ سَاعَةٍ؟/مَتَى؟
Um 1 Uhr.	as-sā'a l-wāhida	اَلسَّاعَةُ الْوَاحِدَةَ
In einer Stunde.	ba'd sā'a	بَعْدَ سَاعَةٍ

Wie lange?	kam il-mudda	كَمِ الْمُدَّةُ؟
Zwei Stunden (lang).	sā'atain	سَاعَتَيْنِ
Bis 5 Uhr.	hattā l-chāmisa	حَتَّى الْخَامِسَةِ

Seit wann?	munḍu matā	مُنْذُ مَتَى؟
Seit 8 Uhr morgens.	munḍu ṭ-ṭāmina sabāhan	مُنْذُ الثَّامِنَةِ صَبَاحًا

Inschallā

(إِنْ شَاءَ اللَّهُ) ist eine häufig benutzte Redewendung in islamischen Ländern und bedeutet „wenn Gott will". Sagt man etwa, morgen werde man dies oder jenes tun, so fügt man meist *inschallā* hinzu.

SONSTIGE ZEITANGABEN	auqāt uchrā	أَوْقَاتٌ أُخْرَى
abends	masāan	مَسَاءً
diese Woche	fī hāḍā l-usbū'	فِي هَذَا الْأُسْبُوعِ
gestern	ams/al-bāriha	أَمْسِ/الْبَارِحَةَ
heute	al-jaum	اَلْيَوْمَ
jeden Tag	kull jaum	كُلَّ يَوْمٍ
jetzt	al-ān	اَلآنَ
mittags	ḍuhran	ظُهْرًا
morgen	ghadan	غَدًا
morgens	sabāhan	صَبَاحًا
nachmittags	'asran	عَصْرا
nächstes Jahr	as-sana l-qādima	اَلسَّنَةَ الْقَادِمَةَ
nachts	lailan	لَيْلًا
stündlich	kull sā'a	كُلَّ سَاعَةٍ
täglich	jaumījan	يَوْمِيًّا
vormittags	qabl iḍ-ḍuhr	قَبْلَ الظُّهْرِ

DATUM	at-tārīch	اَلتَّارِيخُ
Den Wievielten haben wir heute?	kam tārīch il-jaum	كَمْ تَارِيخُ الْيَوْمِ؟
Heute ist der 1. Mai.	al-jaum huwa auwal ajjār/mājū	اَلْيَوْمَ هُوَ أَوَّلُ أَيَّارْ/مَايُو

Ramadan

Der Ramadan, der neunte Monat des islamischen Mondjahres, ist der Fastenmonat. Am ersten des folgenden Mondmonats, Schawwal, beginnt das „Fest des Fastenbrechens" und geht in der Regel über drei Feiertage. Das Opferfest folgt ca. zwei Monate nach dem Ramadanfest. Dies ist auch die Zeit der Pilgerreise nach Mekka.

WOCHENTAGE	aijām il-usbū'	أَيَّامُ الأُسْبُوع
Montag	jaum il-iṯnain	يَوْمُ الاِثْنَيْنِ
Dienstag	jaum iṯ-ṯulāṯā	يَوْمُ الثَّلَاثَاءِ
Mittwoch	jaum il-arbi'ā	يَوْمُ الأَرْبِعَاءِ
Donnerstag	jaum il-chamīs	يَوْمُ الْخَمِيسِ
Freitag	jaum il-dschum'a	يَوْمُ الْجُمْعَةِ
Samstag	jaum is-sabt	يَوْمُ السَّبْتِ
Sonntag	jaum il-ahad	يَوْمُ الأَحَدِ

MONATE	al-aschhur	اَلأَشْهُرُ
Januar	janājir/kānūn iṯ-ṯānī	يَنَايِرْ/كَانُونْ الثَّانِي
Februar	fibrājir/schubāṭ	فِبْرَايِرْ/شُبَاطْ
März	māris/āḏār	مَارِسْ / آذَارْ
April	abrīl/nīsān	أَبْرِيلْ/نِيسَانْ
Mai	mājū/ajjār	مَايُو/أَيَّارْ
Juni	jūnjū/husairān	يُونْيُو/حُزَيْرَانْ
Juli	jūljū/tammūs	يُولْيُو/تَمُّوزْ
August	aghustus/āb	أَغُسْطُسْ / آبْ
September	sibtambar/ailūl	سِبْتَمْبَرْ/أَيْلُولْ
Oktober	uktūbar/tischrīn il-awwal	أَكْتُوبَرْ/تِشْرِينْ الأَوَّلْ
November	nūfambar/tischrīn iṯ-ṯānī	نُوفَمْبَرْ/تِشْرِينْ الثَّانِي
Dezember	dīsambar/kānūn il-auwal	دِيسَمْبَرْ/كَانُونْ الأَوَّلْ

JAHRESZEITEN	al-fusūl	اَلْفُصُولُ
Frühling	ar-rabī'	اَلرَّبِيعُ	Herbst	al-charīf	اَلْخَرِيفُ
Sommer	as-saif	اَلصَّيْفُ	Winter	asch-schitā	اَلشِّتَاءُ

FEIERTAGE	al-a'jād	اَلأَعْيَادُ
Neujahr	ras is-sana	رَأْسُ السَّنَةِ
Ostern	'īd il-fish	عِيدُ الْفِصْحِ
Weihnachten	'īd il-mīlād	عِيدُ الْمِيلَادِ
Fest des Fastenbrechens	'īd il-fitr	عِيدُ الْفِطْرِ
Opferfest	'īd il-adhā	عِيدُ الأَضْحَى
Geburtsfest des Propheten	al-maulid in-nabawī	اَلْمَوْلِدُ النَّبَوِيُّ
Trauertag der Schiiten	'āschūrā	عَاشُورَاءُ

WETTER

Wie wird das Wetter heute?	كَيْفَ سَيَكُونُ الطَّقْسُ الْيَوْمَ؟
	kaif sa-jakūn it-taqs il-jaum
Es bleibt schön/schlecht.	يَبْقَى الطَّقْسُ جَمِيلًا/سَيِّئًا
	jabqā t-taqs dschamīl/sajj
Es wird wärmer/kälter.	سَتَزْدَادُ دَرَجَةُ الْحَرَارَةِ/الْبُرُودَةِ
	sa-tasdād daradschat il-harāra/il-burūda

Blitz	barq	بَرْقٌ
Donner	ra'd	رَعْدٌ
Ebbe	dschasr	جَزْرٌ
Flut	fajadān/madd	فَيَضَانٌ/مَدٌّ
heiß	hārr	حَارٌّ
Hitze	harāra schadīda	حَرَارَةٌ شَدِيدَةٌ
kalt	bārid	بَارِدٌ
Regen	matar	مَطَرٌ
Schnee	taldsch	ثَلْجٌ
Sonne	schams	شَمْسٌ
Temperatur	daradschat il-harāra	دَرَجَةُ الْحَرَارَةِ
trocken	dschāff	جَافٌّ
warm	dāfi	دَافِئٌ
Wind	rijāh	رِيَاحٌ
Wolke	ghaima/sahāba	غَيْمَةٌ/سَحَابَةٌ

Auf der Reise

Wie weit ist es noch?

In den meisten arabischen Ländern kann man inzwischen einfach und bequem herumreisen; dennoch sollte man genügend Zeit und Geduld mitbringen. Wer mit dem Auto unterwegs ist, wird immer wieder nach dem Weg fragen müssen. Wenn es mit der Sprache und Gestik nicht klappt: kein Problem! Nicht selten holt der Befragte seinen Wagen und fährt bis zur entscheidenden Kreuzung vor. Vielleicht lädt er Sie auch erst einmal zu einem Tee ein.

ENTSCHULDIGUNG, WIE KOMME ICH NACH ...?	عَفْوًا، كَيْفَ يُمْكِنُ أَنْ أَصِلَ إِلَى ... ؟
	'afwan, kaif jumkin an asil ilā ...

Immer geradeaus bis ...	tābi' ilā l-amām hattā	تَابِعْ إِلَى الأَمَامِ حَتَّى ...
Dann ...	tumma...	ثُمَّ...
bei der Ampel ...	'ind ischārat il-murūr id-dauïja ...	عِنْدَ إِشَارَةِ الْمُرُورِ الضَّوْئِيَّةِ ...
an der Ecke ...	fī s-sāwïja	فِي الزَّاوِيَةِ ...
links/rechts abbiegen.	in'atif schimālān/jamīnan	إِنْعَطِفْ شِمَالًا/يَمِينًا
Wie weit ist das?	kam il-masāfa	كَمِ الْمَسَافَةُ؟

VOLL TANKEN, BITTE	إِمْلَإِ الْخَزَّانَ مِنْ فَضْلِكَ
	imla l-chassān min fadlak

Ich möchte ... Liter	urīd ... litr	أُرِيدُ ... لِتْرًا
Normalbenzin.	min il-bansīn il-'ādī	مِنَ الْبَنْزِينِ الْعَادِيُّ
Super.	min il-bansīn il-mumtās	مِنَ الْبَنْزِينِ الْمُمْتَازِ
Diesel.	min id-dīsil	مِنَ الدِّيزِلِ
bleifrei.	min il-bansīn il-chālī min ir-rasās	مِنَ الْبَنْزِينِ الْخَالِي مِنَ الرَّصَاصِ
mit ... Oktan.	bidaradschat ... ūktān	بِدَرَجَةِ ... أُوكْتَانْ

Nervenstark

Autofahren in Arabien ist nicht schwerer als in Italien. Dennoch empfiehlt es sich, um nicht unnötig Zeit und Nerven zu verlieren, ein Taxi vorausfahren zu lassen, wenn man die Stadt verlassen möchte oder auf dem Weg zum Hotel ist. In der Stadt lässt man das Auto am Besten stehen.

ICH HABE EINE PANNE	تَعَطَّلَتْ سَيَّارَتِي ta'attalat sajjāratī

Ich habe einen Platten.

اِنْقَبَ إِطَارُ سَيَّارَتِي
inṭaqab iṭār sajjāratī

Würden Sie bitte den Pannendienst anrufen?

هَلْ تَسْمَحُ بِإِبْلَاغِ وَرْشَةِ الصِّيَانَةِ؟
hal tasmah bi-iblāgh warschat is-sijāna

Könnten Sie mir mit Benzin aushelfen?

هَلْ تَسْتَطِيعُ مُسَاعَدَتِي بِقَلِيلٍ مِنَ الْبَنْزِينِ؟
hal tastatī' musā'adatī bi-qalīl min il-bansīn

Könnten Sie mir beim Reifenwechsel helfen?

هَلْ تَسْتَطِيعُ مُسَاعَدَتِي فِي تَغْيِيرِ الْعَجَلَةِ؟
hal tastatī' musā'adatī fī taghjīr il-'adschala

Würden Sie mein Auto bis zur nächsten Werkstatt/Tankstelle abschleppen?

هَلْ مُمْكِنٌ أَنْ تَسْحَبَ سَيَّارَتِي حَتَّى أَقْرَبِ وَرْشَةٍ/مَحَطَّةِ الْبَنزِينِ؟
hal mumkin an tashab sajjāratī hattā aqrab warscha/mahattat il-bansīn

WO IST HIER DIE NÄCHSTE WERKSTATT?	أَيْنَ تُوجَدُ أَقْرَبُ وَرْشَةٍ؟ ain tüdschad aqrab warscha

Mein Wagen springt nicht an.

مُحَرِّكُ سَيَّارَتِي لَا يَشْتَغِلُ
muharrik sajjāratī lā jaschtaghil

Mit dem Motor stimmt was nicht.

الْمُحَرِّكِ عَاطِلٌ
al-muharrik 'ātil

Die Bremsen funktionieren nicht.

اَلْفَرَامِلُ/اَلْمَكَابِحُ *(syr.)* لَا تَشْتَغِلُ
al-farāmil/al-makābih *(syr.)* lā taschtaghil

... ist defekt.

... مُعَطَّلٌ/خَرِبٌ
... mu'attal/charib

Der Wagen verliert Öl.

هُنَاكَ تَسَرُّبٌ مِنْ زَيْتِ السَّيَّارَةِ
hunāk tasarrub min sait is-sajjāra

Können Sie mal nachsehen?

هَلْ تَسْتَطِيعُ أَنْ تَتَفَقَّدَهَا؟
hal tastatī' an tatafaqqadhā

Wechseln Sie bitte die Zündkerzen aus.

غَيِّرْ شَمْعَاتِ الِاحْتِرَاقِ مِنْ فَضْلِكَ
ghajjir scham'āt il-ihtirāq min fadlak

Was wird es kosten?

مَاذَا يُكَلِّفُ هَذَا؟
māḍā jukallif hāḍa

وَقَعَ حَادِثٌ

waqa'a hādit

Rufen Sie bitte schnell ...

... أُطْلُبْ بِسُرْعَةٍ مِنْ فَضْلِكَ

utlub (futlubī) bi-sur'a min fadlak (f-ik) ...

einen Krankenwagen.

سَيَّارَةَ إِسْعَافٍ

sajjārat is'āf

die Polizei.

اَلشُّرْطَةَ

asch-schurta

die Feuerwehr.

مَرْكَزَ الإِطْفَاءِ / اَلإِطْفَائِيَّةَ

markas il-itfā/il-itfāīja

Haben Sie Verbandszeug?

هَلْ لَدَيْكَ أَدَوَاتُ تَضْمِيدٍ؟

hal ladaika (fladaiki) adawāt tadmīd

Es war meine/Ihre Schuld.

أَنَا / أَنْتَ الْمَسْؤُولُ عَنْ وُقُوعِ الْحَادِثِ

anā/anta (fanti) il-masūl (f-a) 'an wuqū' il-hādit

Geben Sie mir bitte Ihren
Namen und
Ihre Anschrift.

أَعْطِنِي مِنْ فَضْلِكَ اسْمَكَ وَعُنْوَانَكَ

a'tinī (fa'tīnī) min fadlak (f-ik) ismak (f-ik) wa
'unwānak (f-ik)

Vielen Dank für Ihre
Hilfe.

شُكْرًا جَزِيلًا لِمُسَاعَدَتِكَ

schukran dschasīlān li-musā'adatak (f-ik)

تَأْجِيرُ سَيَّارَاتٍ وَ دَرَّاجَاتٍ نَارِيَّةٍ وَعَادِيَّةٍ

tadschīr sajjārāt wa-darrādschāt nārīja wa'ādīja

Ich möchte für
zwei Tage/eine Woche ...
mieten.

أُرِيدُ أَنْ أَسْتَأْجِرَ لِمُدَّةِ يَوْمَيْنِ / أُسْبُوع

urīd an astadschir li-muddat jaumain/usbū'

einen Wagen

سَيَّارَةً

sajjāra

einen Geländewagen

سَيَّارَةَ جِيبْ

sajjārat dschīb

ein Motorrad

دَرَّاجَةً نَارِيَّةً

darrādscha nārīja

ein Fahrrad

دَرَّاجَةً

darrādscha

Wie hoch ist die Tages-/
Wochenpauschale?

كَمِ الأُجْرَةُ لِنَهَارٍ كَامِلٍ / لِأُسْبُوع؟

kam il-udschra li-nahār kāmil/li-usbū'

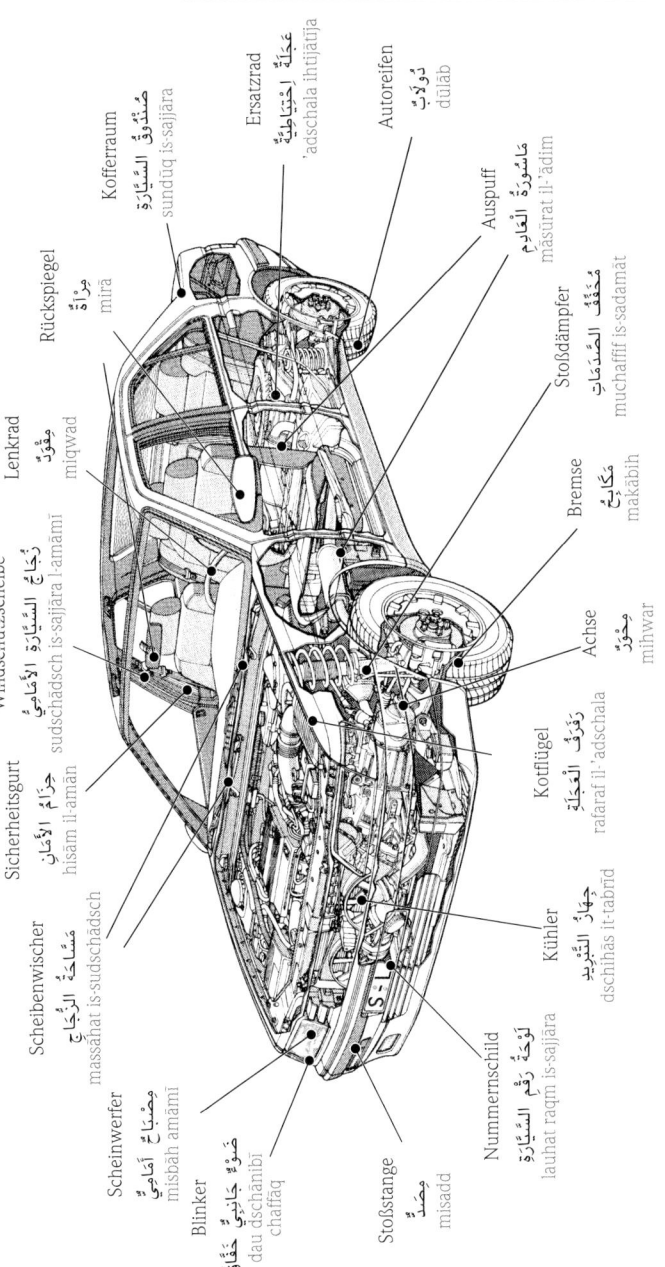

Ersatzrad
عَجَلَة احْتِياطِيَّة
'adschala ihtijātija

Autoreifen
دُولَاب
dūlāb

Kofferraum
صُنْدُوق السَّيَّارَة
sundūq is-sajjāra

Auspuff
مَاسُورَةُ العَادِم
māsūrat il-ʿādim

Rückspiegel
مِرْآة
mirā

Stoßdämpfer
مُخَفِّف الصَّدَمَات
muchaffif is-sadamāt

Lenkrad
مِقْوَد
miqwad

Bremse
مَكْبَح
makbih

Achse
مِحْوَر
mihwar

سُدَاشِدَش السَّيَّارَة الأَمَامِي
sudschādsch is-sajjāra l-amāmi

Sicherheitsgurt
حِزَام الأَمَان
hisām il-amān

Kotflügel
رَفْرَف العَجَلَة
rafraf il-ʿadschala

Scheibenwischer
مَسَّاحَة الزُّجَاج
massāhat is-sudschādsch

Kühler
جِهَاز التَّبْرِيد
dschihās it-tabrīd

Scheinwerfer
مِصْبَاح أَمَامِي
misbāh amāmi

Nummernschild
لَوْحَة رَقْم السَّيَّارَة
lauhat raqm is-sajjāra

Blinker
ضَوْء جَانِبِي خَفَّاق
dau dschānibī chaffāq

Stoßstange
مِصَدّ
misadd

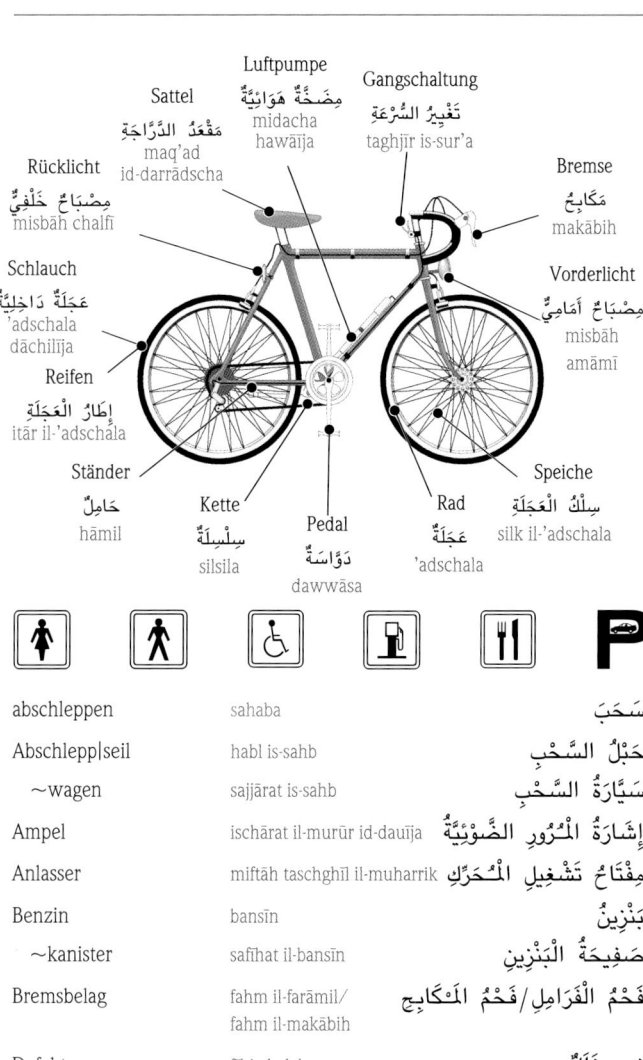

Luftpumpe
مِضَخَّةٌ هَوَائِيَّةٌ
midacha hawāïja

Gangschaltung
تَغْيِيرُ السُّرْعَةِ
taghjīr is-sur'a

Sattel
مَقْعَدُ الدَّرَّاجَةِ
maq'ad id-darrādscha

Rücklicht
مِصْبَاحٌ خَلْفِيٌّ
misbāh chalfī

Bremse
مَكَابِحُ
makābih

Schlauch
عَجَلَةٌ دَاخِلِيَّةٌ
'adschala dāchilīja

Vorderlicht
مِصْبَاحٌ أَمَامِيٌّ
misbāh amāmī

Reifen
إِطَارُ الْعَجَلَةِ
itār il-'adschala

Ständer
حَامِلٌ
hāmil

Kette
سِلْسِلَةٌ
silsila

Pedal
دَوَّاسَةٌ
dawwāsa

Rad
عَجَلَةٌ
'adschala

Speiche
سِلْكُ الْعَجَلَةِ
silk il-'adschala

abschleppen	sahaba	سَحَبَ
Abschlepp|seil	habl is-sahb	حَبْلُ السَّحْبِ
~wagen	sajjārat is-sahb	سَيَّارَةُ السَّحْبِ
Ampel	ischārat il-murūr id-dauïja	إِشَارَةُ الْمُرُورِ الضَّوْئِيَّةُ
Anlasser	miftāh taschghīl il-muharrik	مِفْتَاحُ تَشْغِيلِ الْمُحَرِّكِ
Benzin	bansīn	بَنْزِينٌ
~kanister	safīhat il-bansīn	صَفِيحَةُ الْبَنْزِينِ
Bremsbelag	fahm il-farāmil/ fahm il-makābih	فَحْمُ الْفَرَامِلِ/فَحْمُ الْمَكَابِحِ
Defekt	fīhi chalal	فِيهِ خَلَلٌ
Fahrrad	darrādscha	دَرَّاجَةٌ
Flickzeug	adawāt it-tarqī'	أَدَوَاتُ التَّرْقِيعِ
Führerschein	ruchsat il-qijāda	رُخْصَةُ الْقِيَادَةِ
Gangschaltung	taghjīr is-sur'a	تَغْيِيرُ السُّرْعَةِ
Gaspedal	dawwāsat il-bansīn	دَوَّاسَةُ الْبَنْزِينِ

gebrochen	maksūr	مَكْسُورٌ
Getriebe	'ulbat nāqil il-haraka	عُلْبَةُ نَاقِلِ الْحَرَكَةِ
Handbremse	farmalat il-jad/ mikbah il-jad	فَرْمَلَةُ الْيَدِ/مِكْبَحُ الْيَدِ
Hupe	ālat it-tanbīh	آلَةُ التَّنْبِيهِ
Keilriemen	sair il-muharrik	سَيْرُ الْمُحَرِّكِ
Klingel	dscharas	جَرَسٌ
Kühlwasser	mā it-tabrīd	مَاءُ التَّبْرِيدِ
Kupplung	dschihās it-ta'schīq/klātsch/dubrijādsch	جِهَازُ التَّعْشِيقِ/كُلَاتْشْ/دُبْرِيَاجْ
Kurzschluss	māss kahrabāī	مَاسٌّ كَهْرَبَائِيٌّ
Lastwagen	schāhina	شَاحِنَةٌ
Lichtmaschine	muwallid/dīnāmō	مُوَلِّدٌ/دِينَامُو
Motor	muharrik/mōtōr	مُحَرِّكٌ/مُوتُورْ
~rad	darrādscha nārīja	دَرَّاجَةٌ نَارِيَّةٌ
Notrufsäule	'amūd hātif it-tawāri	عَمُودُ هَاتِفِ الطَّوَارِئِ
Oktanzahl	al-'adad il-ūktānī	اَلْعَدَدُ الْأُوكْتَانِيُّ
Öl	sait	زَيْتٌ
~wechsel	taghjīr is-sait	تَغْيِيرُ الزَّيْتِ
Panne	'utl	عُطْلٌ
Pannendienst	chidmat it-tawāri li-s-sajjārāt	خِدْمَةُ الطَّوَارِئِ لِلسَّيَّارَاتِ
Papiere	ruchsat is-sajjāra wa s-sāiq	رُخْصَةُ السَّيَّارَةِ وَالسَّائِقِ
Park|haus	mauqif is-sajjārāt it-tābiqī	مَوْقِفُ السَّيَّارَاتِ الطَّابِقِيُّ
~platz	mauqif is-sajjārāt	مَوْقِفُ السَّيَّارَاتِ
Schraube	mismār mulaulab	مِسْمَارٌ مُلَوْلَبٌ
Starthilfekabel	kabl it-taschghīl	كَبْلُ التَّشْغِيلِ
Stau	ichtināq harakat il-murūr	إِخْتِنَاقُ حَرَكَةِ الْمُرُورِ
Straße	schāri'	شَارِعٌ

Straßenkarte	charītat isch-schawāri'	خَرِيطَةُ الشَّوَارِعِ
Sturzhelm	chūḍa wāqija	خُوذَةٌ وَاقِيَةٌ
Tankstelle	mahattat il-bansīn	مَحَطَّةُ الْبَنْزِينِ
Umleitung	tahwīla	تَحْوِيلَةٌ
Vergaser	kārbūritar/mufahhim	كَارْبُورِتَرْ/مُفَحِّمٌ
Wagenheber	rāfi'at is-sajjāra	رَافِعَةُ السَّيَّارَةِ
Warnblinker	dau t-tahḍīr il-chaffāq	ضَوْءُ التَّحْذِيرِ الْخَفَّاقِ
Warndreieck	muṭallaṭ it-tahḍīr	مُثَلَّثُ التَّحْذِيرِ
Wegweiser	lāfitat il-murūr	لَافِتَةُ الْمُرُورِ
Werk|statt	warschat it-taslīh	وَرْشَةُ التَّصْلِيحِ
~zeug	'udda/adawāt (pl)	عُدَّةٌ/أَدَوَاتٌ
Zündkerze	scham'at il-iḥtirāq	شَمْعَةُ الإحْتِرَاقِ
Zündung	al-isch'āl/at-taschghīl	اَلإِشْعَالُ/اَلتَّشْغِيلُ

... MIT DEM FLUGZEUG

ABFLUG	iqlā'	إِقْلَاعٌ

Wann fliegt die nächste Maschine nach ...?	مَتَى تُقْلِعُ الطَّائِرَةُ التَّالِيَةُ إِلَى...؟
	matā tuqli' it-ṭāira t-tālija ilā ...

Ich möchte einen einfachen Flug/ Hin- und Rückflug nach ... buchen.	أُرِيدُ حَجْزَ بِطَاقَةِ ذَهَابٍ إِلَى ...
	(Hin) urīd hadschs bitāqat ḍahāb ilā ...
	أُرِيدُ حَجْزَ بِطَاقَةِ ذَهَابٍ وَإِيَابٍ إِلَى ...
	(Hin- und Rückflug) urīd hadschs bitāqat ḍahāb wa ijāb ilā ...

Sind noch Plätze frei?	هَلْ يُوجَدُ مَحَلَّاتٌ؟
	hal jūdschad mahallāt

Ich möchte den Flug stornieren/ändern.	أُرِيدُ أَنْ أُلْغِيَ/أُغَيِّرَ الْحَجْزَ
	urīd an ulghī/ughajjir il-hadschs

28

ANKUNFT	al-wusūl	اَلْوُصُولُ

| Mein Gepäck ist verloren gegangen. | dā'at haqāibī | ضَاعَتْ حَقَائِبِّي |
| Mein Koffer ist beschädigt worden. | tadarrarat haqībatī | تَضَرَّرَتْ حَقِيبَتِي |

Ankunftszeit	mau'id il-wusūl	مَوْعِدُ الْوُصُولِ
Anschluss	muwāsala	مُوَاصَلَةٌ
Anschnallgurt	hisām il-amān	حِزَامُ الْأَمَانِ
Bordkarte	bitāqat il-irkāb	بِطَاقَةُ الْإِرْكَابِ
Buchung	hadschs	حَجْزٌ
Fenstersitz	maq'ad bi-dschānib in-nāfiḍa	مَقْعَدٌ بِجَانِبِ النَّافِذَةِ
Flug	rihla dschauwīja/tajarān	رِحْلَةٌ جَوِّيَّةٌ / طَيَرَانٌ
~gesellschaft	scharikat it-tajarān	شَرِكَةُ الطَّيَرَانِ
~hafenbus	ūtūbīs il-matār	أُوتُوبِيسُ الْمَطَارِ
~hafengebühr	rusūm il-matār	رُسُومُ الْمَطَارِ
~plan	dschadwal mawā'īd it-tajarān	جَدْوَلُ مَوَاعِيدِ الطَّيَرَانِ
~schein	taḍkirat tāira	تَذْكِرَةُ طَائِرَةٍ
~steig	bawwāba	بَوَّابَةٌ
~zeug	tāira	طَائِرَةٌ
Gepäck	haqāib	حَقَائِبُ
~abfertigung	idschrāāt tachlīs il-haqāib	إِجْرَاءَاتُ تَخْلِيصِ الْحَقَائِبِ
~ausgabe	taslīm il-haqāib	تَسْلِيمُ الْحَقَائِبِ
Handgepäck	haqāib jadawïja	حَقَائِبُ يَدَوِيَّةٌ
Landung	hubūt	هُبُوطٌ
Not|ausgang	machradsch it-tawāri	مَخْرَجُ الطَّوَارِئِ
~landung	hubūt idtirārī	هُبُوطٌ اِضْطِرَارِيٌّ
~rutsche	maslaqat il-ichlā il-idtirārī	مَزْلَقَةُ الْإِخْلَاءِ الِاضْطِرَارِيِّ

29

Passagier	rākib	رَاكِبٌ
Pilot/in	tajjār/tajjāra	طَيَّارٌ / طَيَّارَةٌ
Schalter	schubbāk	شُبَّاكٌ
Schwimmweste	sidār in-nadschāt	صِدَارُ النَّجَاةِ
Steward/ess	mudīf/mudīfa	مُضِيفٌ / مُضِيفَةٌ
stornieren	alghā il-hadschs	أَلْغَى الْحَجْزَ
umbuchen	ghajjara l-hadschs	غَيَّرَ الْحَجْزَ
Verspätung	tachīr	تَأْخِيرٌ
zollfreier Laden	sūq hurra	سُوقٌ حُرَّةٌ
Zwischenlandung	tawaqquf atnā s-safar	تَوَقُّفٌ أَثْنَاءَ السَّفَرِ

... MIT DER EISENBAHN

ABFAHRT	intilāq	اِنْطِلَاقٌ

Eine einfache Fahrt
2. Klasse/1. Klasse
nach ..., bitte.

(أُرِيدُ) بِطَاقَةً لِلدَّرَجَةِ الثَّانِيَةِ/الأُولَى إِلَى ...
مِنْ فَضْلِكَ

(urīd) bitāqa li-d-daradscha ṭ-ṭānija/l-ūlā ilā ...
min fadlak (f-ik)

Zweimal ... hin und
zurück, bitte.

(أُرِيدُ) بِطَاقَتَيْنِ ذَهَابًا وَإِيَابًا مِنْ فَضْلِكَ
(urīd) bitāqatain ḍahāb wa ijāb min fadlak (f-ik)

Muss ich umsteigen?

هَلْ يَجِبُ أَنْ أُغَيِّرَ الْقِطَارَ؟
hal jadschib an ughajjir il-qiṭār

Wo muss ich aussteigen/
umsteigen?

أَيْنَ يَجِبُ أَنْ أَنْزِلَ/أُغَيِّرَ؟
ain jadschib an ansil/ughajjir

Von welchem Gleis fährt der
Zug nach ... ab?

مِنْ أَيِّ رَصِيفٍ يَنْطَلِقُ الْقِطَارُ إِلَى ...؟
min ajj rasīf jantaliq il-qiṭār ilā ...

IM ZUG	fī l-qitār	فِي الْقِطَارِ

Verzeihung, ist dieser
Platz noch frei?

عَفْوًا، هَلْ هَذَا الْمَحَلُّ شَاغِرٌ؟
'afwan, hal hādā l-mahall schāghir

Hält dieser Zug in ...?

هَلْ يَتَوَقَّفُ الْقِطَارُ فِي ...؟
hal jatawaqqaf il-qiṭār fī ...

Abfahrt	intilāq	اِنْطِلَاقٌ
Abteil	maqsūra	مَقْصُورَةُ
ankommen	wasala	وَصَلَ
Aufenthalt	tawaqquf	تَوَقُّفٌ
aussteigen	nasala	نَزَلَ
Bahnhof	mahattat il-qitārāt	مَحَطَّةُ الْقِطَارَاتِ
besetzt	mahdschūs/maschghūl	مَحْجُوزٌ/مَشْغُولٌ
einsteigen	rakiba/sa'ida ilā	رَكِبَ/صَعِدَ إِلَى
Eisenbahn	as-sikka l-hadīdīja	اَلسِّكَّةُ الْحَدِيدِيَّةُ
~fähre	mu'addijat il-qitārāt	مُعَدِّيَةُ الْقِطَارَاتِ
Ermäßigung	tachfīd	تَخْفِيضٌ
Fahr|karte	tadkira	تَذْكِرَةٌ
~kartenschalter	schubbāk it-tadākir	شُبَّاكُ التَّذَاكِرِ
~plan	dschadwal mawā'īd is-safar	جَدْوَلُ مَوَاعِيدِ السَّفَرِ
~preis	si'r it-tadkira	سِعْرُ التَّذْكِرَةِ
Fensterplatz	maq'ad bi-dschānib in-nāfida	مَقْعَدٌ بِجَانِبِ النَّافِذَةِ
frei	schāghir	شَاغِرٌ
Gepäck	haqāib	حَقَائِبُ
~aufbewahrung	ghurfat il-amānāt	غُرْفَةُ الْأَمَانَاتِ
~schein	tadkira	تَذْكِرَةٌ
Gleis	rasīf	رَصِيفٌ
Hauptbahnhof	mahattat il-qitārāt ir-raīsīja	مَحَطَّةُ الْقِطَارَاتِ الرَّئِيسِيَّةُ
Kinderfahrkarte	tadkira muchaffada li-l-atfāl	تَذْكِرَةٌ مُخَفَّضَةٌ لِلْأَطْفَالِ
Nichtraucherabteil	maqsūrat ghair il-mudachchinīn	مَقْصُورَةُ غَيْرِ الْمُدَخِّنِينَ
Notbremse	farmalat it-tawāri	فَرْمَلَةُ الطَّوَارِئِ
Platzkarte	tadkirat hadschs	تَذْكِرَةُ حَجْزٍ
Raucherabteil	maqsūrat il-mudachchinīn	مَقْصُورَةُ الْمُدَخِّنِينَ

Reservierung	hadschs	حَجْزٌ
Rückfahrkarte	taḍkirat ḍahāb wa ijāb	تَذْكِرَةُ ذَهَابٍ وَإِيَابٍ
Speisewagen	'arabat il-mat'am	عَرَبَةُ الْمَطْعَمِ
Toilette	daurat mijāh/tuwālēt	دَوْرَةُ مِيَاهٍ/تُوَالِيتْ
Wartesaal	qā'at il-intiḍār	قَاعَةُ الْاِنْتِظَارِ

... MIT DEM SCHIFF

AUSKUNFT	al-isti'lāmāt	الْاِسْتِغْلَامَاتُ

Wo/Wann fährt das nächste Schiff nach ... ab?	ain/matā tubhir auwal safīna ilā ...	...؟ أَيْنَ/مَتَى تُبْحِرُ أَوَّلُ سَفِينَةٍ إِلَى
Ich möchte eine Schiffskarte nach ...	urīd taḍkira ilā ...	أُرِيدُ تَذْكِرَةً إِلَى ...

AN BORD	'alā ḍahr is-safīna	عَلَى ظَهْرِ السَّفِينَةِ

Wo ist der Speisesaal/der Aufenthaltsraum?	ain qā'at it-ta'ām/ain is-sāla	أَيْنَ قَاعَةُ الطَّعَامِ/أَيْنَ الصَّالَةُ؟
Ich fühle mich nicht wohl.	asch'ur bi-tawa'uk	أَشْعُرُ بِتَوَعُّكٍ

Anlegeplatz	marsa	مَرْسَى
Buchung	hadschs	حَجْزٌ
Fähre	'abbāra/mu'addija	عَبَّارَةٌ/مُعَدِّيَةٌ
Fahrkarte	taḍkira	تَذْكِرَةٌ
Hafen	marfa/mīnā	مَرْفَأٌ/مِينَاءٌ
Kabine	hudschra	حُجْرَةٌ
Rettungs|boot	qārib in-nadscha	قَارِبُ النَّجَاةِ
~ring	tauq in-nadscha	طَوْقُ النَّجَاةِ
Schwimmweste	sidār in-nadschā	صِدَارُ النَّجَاةِ
seekrank	musāb bi-duwār il-bahr	مُصَابٌ بِدُوَارِ الْبَحْرِ
Steward	muḍīf	مُضِيفٌ

Essen & Trinken
Die Speisekarte, bitte

Die arabische Küche gibt es gar nicht. Jede Region hat ihre Spezialitäten, Gewürze und Essgewohnheiten. Während im Nahen und Mittleren Osten die zahllosen Vorspeisen dominieren, überwiegen im nordafrikanischen Raum Hirse, Weizen und Reisgerichte in vielen Variationen und eine riesige Vielfalt an Süßem. Allen Arabern gemein ist die Freude mit Gästen gut zu essen. Es gehört einfach zum guten Ton, Fremde auch schon nach kurzem Kennenlernen einzuladen. Man ist aber nicht verpflichtet, eine Einladung anzunehmen.

Chambre séparée

Achtung: in vielen Restaurants, Cafés und Teehäusern gibt es ein geschlossenes „Familienabteil" für Paare und Familien (der Rest des Lokals ist den Männern vorbehalten). Diesen Raum dürfen Männer nur in weiblicher Begleitung betreten.

WIR GEHEN ESSEN

Wo gibt es hier ...

أَيْنَ يُوْجَدُ هُنَا ...

ain jüdschad hunā ...

ein gutes Restaurant?

مَطْعَمٌ جَيِّدٌ؟

mat'am dschajjid

ein typisches Restaurant?

مَطْعَمٌ شَعْبِيٌّ؟

mat'am scha'bī

Ist dieser Platz noch frei?

هَلْ هَذَا الْمَحَلُّ غَيْرُ مَحْجُوزٍ؟

hal hādā l-mahall ghair mahdschūs

Wo sind bitte die Toiletten?

مِنْ فَضْلِكَ، أَيْنَ دَوْرَاتُ الْمِيَاهِ/
التَّوَالِيتْ؟

min fadlak (f-ik), ain daurāt il-mijāh/it-tuwālet

Wünsche

Einen guten Appetit wünscht man sich in Arabien zwar nicht. Dafür wünscht der Gast dem Gastgeber nach Beenden der Mahlzeit einen immer reich gedeckten Tisch. Als Antwort erwidert der Gastgeber dann „Gesundheit". Dies gilt übrigens auch wenn man zum Tee oder Kaffee eingeladen ist.

Darf ich rauchen?

هَلْ أَسْتَطِيعُ التَّدْخِينَ؟

hal astatī' it-tadchīn

Blauer Dunst

Es ist in vielen Gegenden Arabiens durchaus üblich, auch während des Essens eine Zigarette oder – häufiger – eine Wasserpfeife zu rauchen. Je nach Region tun dies auch Frauen.

Das Besondere

I m Restaurant empfiehlt sich immer die Frage nach dem ganz
besonderen Gericht!

BESTELLUNG	talab/hadschs	طَلَبٌ / حَجْزٌ

Herr Ober/Bedienung,	يَا نَادِلُ / يَا سَيِّدُ
	jā nādil/jā sajjid (f jā sajjida)
die Speisekarte,	قَائِمَةَ الطَّعَامِ
	qāimat it-ta'ām
die Getränkekarte, bitte.	قَائِمَةَ الْمَشْرُوبَاتِ مِنْ فَضْلِكَ
	qāimat il-maschrūbāt min fadlak (f -ik)
Was können Sie mir empfehlen?	مَاذَا تَنْصَحُنِي؟
	māḍā tansahnī (f tansahīnī)
Ich nehme ...	سَأَخُذُ ...
	saāchuḍ ...
Wir haben leider kein/e ... (mehr).	لَمْ يَبْقَ لَدَيْنَا ... مَعَ الْأَسَفِ
	lam jabqa ladainā ... ma'a l-asaf
Was wollen Sie trinken?	مَاذَا تُرِيدُ أَنْ تَشْرَبَ؟
	māḍā turīd (f -īn) an taschrab (f -īn)
Bitte bringen Sie uns ...	مِنْ فَضْلِكَ، أَحْضِرْ لَنَا ...
	min fadlak (f -ik), ahdir (f ahdirī) lanā ...

BEANSTANDUNGEN	schakāwā	شَكَاوَى

Einmal zurück, bitte

E s ist in Restaurants durchaus üblich, Unzufriedenheit über eine
Bestellung zu äußern oder diese sogar zurückgehen zu lassen.

Haben Sie mein/e ... vergessen?	هَلْ نَسِيتَ ...؟
	hal nasīta (f nasīti) ...
Das habe ich nicht bestellt.	لَمْ أَطْلُبْ هَذَا
	lam atlub hāḍā
Holen Sie bitte den Chef.	اِسْتَدْعِ الْمُدِيرَ مِنْ فَضْلِكَ
	istad' (f istad'ī) il-mudīr min fadlak (f -ik)

Bitte alles zusammen.		مِنْ فَضْلِكَ، الْحِسَابَ كَامِلًا
		min fadlak (ƒ-ik), il-hisāb kāmil

Getrennte Rechnungen, bitte.		مِنْ فَضْلِكَ، قَوَائِمُ الْحِسَابِ لِكُلٍّ عَلَى جِدَةٍ
		min fadlak (ƒ-ik), qawāim il-hisāb li-kull 'alā hida

Hat es geschmeckt?		هَلْ كَانَ الطَّعَامُ طَيِّبًا؟
		hal kān it-ta'ām tajjib

Das Essen war ausgezeichnet.		كَانَ الطَّعَامُ مُمْتَازًا
		kān it-ta'ām mumtās

Das ist für Sie.		هَذَا لَكَ
		hāḍā laka (ƒlaki)

Abendessen	'aschā	عَشَاءٌ
Bestellung	talab/hadschs	طَلَبٌ / حَجْزٌ
Brot	chubs	خُبْزٌ
Diabetiker	marīd bi-s-sukkarī	مَرِيضٌ بِالسُّكَّرِيِّ
Essig	chall	خَلٌّ
frisch	tāsadsch	طَازَجٌ
Frühstück	futūr → S. 42, 43	فُطُورٌ
Gabel	schauka	شَوْكَةٌ
Gang	sinf min it-ta'ām	صِنْفٌ مِنَ الطَّعَامِ
gebacken	machbūs (Brot)/	مَخْبُوزٌ /
	maqlī (Fleisch, Fisch)	مَقْلِيٌّ
gebraten	muhammar	مُحَمَّرٌ
gedünstet	mu'add bi-l-buchār	مُعَدٌّ بِالْبُخَارِ
gekocht	matbūch/maslūq (Eier)	مَطْبُوخٌ / مَسْلُوقٌ
geräuchert	mudachchan	مُدَخَّنٌ
Gericht	wadschba → S. 43 ff.	وَجْبَةٌ

Getränk	scharāb → S. 42, 47 f.	شَرَابٌ
Gewürz	tawābil	تَوَابِلُ
Glas	kas	كَأْسٌ
Gräte	hasak	حَسَكٌ
Hauptspeise	at-tabaq ir-raīsī → S. 45	اَلطَّبَقُ الرَّئِيسِيُّ
hausgemacht	masnū' fī l-bait	مَصْنُوعٌ فِي الْبَيْتِ
heiß	sāchin/hārr	سَاخِنْ/حَارٌّ

Wie hätten Sie Ihr Fleisch gerne?

gut durch	maschwīja tamām	مَشْوِيَّةً تَمَامًا
halb durch	nisf maschwīja	نِصْفَ مَشْوِيَّةٍ
englisch	'alā t-tarīqa l-indschilīsīja	عَلَى الطَّرِيقَةِ الإِنْجِلِيزِيَّةِ

kalt	bārid	بَارِدٌ
Kellner	nādil/dscharsūn	نَادِلٌ/جَرْسُونْ
Koch/Köchin	tabbāch/tabbācha	طَبَّاخٌ/طَبَّاخَةٌ
kochen	tabacha	طَبَخَ
Löffel	mil'aqa	مِلْعَقَةٌ
mager	ghair mudhin/ghair dasim	غَيْرُ مُدْهِنٍ/غَيْرُ دَسِمٍ
Menü	wadschba	وَجْبَةٌ
Messer	sikkīn	سِكِّينٌ
Mittagessen	ghadā	غَدَاءٌ
Nachtisch	halāwā/düsīr (syr.)	حَلَاوَى/دُوسِيرْ
Ober (Anrede)	nādil	نَادِلٌ

Salat	salata → S. 44	سَلَطَةٌ
Salz	milh	مِلْحٌ
sauer	hāmid	حَامِضٌ
scharf	hādd/hārr	حَادٌّ/حَارٌّ
Speisekarte	qāimat it-ta'ām	قَائِمَةُ الطَّعَامِ
Suppe	hasā/schurba → S. 44	حَسَاءٌ/شُرْبَةٌ
süß	hulu	حُلْوٌ
Tasse	findschān	فِنْجَانٌ
Teller	tabaq/sahn	طَبَقٌ/صَحْنٌ

Wasser

I n Restaurants wird kostenlos Leitungswasser gereicht. Abgefülltes Mineralwasser gibt es nur auf Bestellung und gegen Bezahlung.

Trinkgeld	baqschīsch	بَقْشِيشٌ
Vorspeise	muqabbilāt → S. 45	مُقَبِّلَاتٌ
Wasser	mā	مَاءٌ
würzen	tabbala	تَبَّلَ
zäh	qāsi	قَاسٍ

Bilder
zum Zeigen
Gemüse

Obst

Seafood

Bilder
zum Zeigen

Frühstück

Getränke

قَائِمَةُ الطَّعَامِ

qāimat it-ta'ām

Speisekarte

Frühstück	futūr	فُطُورٌ

Getränke: → S. 42, 47 f.

Fladenbrot	raghīf	رَغِيفٌ
Brot	chubs	خُبْزٌ
Toast	tōst/chubs muqammar	تُوسْتْ/خُبْزٌ مُقَمَّرٌ
weich gekochtes Ei	baida nisf maslūqa	بَيْضَةٌ نِصْفُ مَسْلُوقَه
hart gekochtes Ei	baida maslūqa	بَيْضَةٌ مَسْلُوقَه
Spiegeleier	baid maqlī	بَيْضٌ مَقْلِي
Butter	subda	زُبْدَه
Käse	dschubn	جُبْنْ
Schafs~	dschubn min laban il-ghanam	جُبْنْ مِنْ لَبَنِ الْغَنَمِ
Weich~	dschubn tarī/dschubn lajjin	جُبْنْ طَرِيٌّ/جُبْنْ لَيِّنْ
Ziegen~	dschubn min laban il-mā'is	جُبْنْ مِنْ لَبَنِ الْمَاعِزِ
Wurst	sudschuq	سُجُقْ
Honig	'asal	عَسَلْ
Marmelade	murabba	مُرَبَّى
Joghurt	laban sabādī	لَبَنْ زَبَادِيْ
Omelett	'udschdscha	عُجَّه

Die rechte Art

Wird mit den Fingern gegessen, dann unbedingt mit der rechten Hand. Die linke gilt als unrein.
Die Hände werden vor und nach dem Essen gewaschen.

Zwischenmahlzeiten	wadschabāt chafifa	وَجَبَاتٌ خَفِيفَةٌ
Falafil	falāfil *(Orient)*	فَلَافِلْ
Leber-Sandwich	sandawīsch kibda	سَنْدَوِيشْ كِبْدَه
Kebab	kabāb	كَبَابْ
Pferdebohnen-Gericht	fūl mudammas *(Orient)*	فُولْ مُدَمَّسْ
Würste	naqāniq	نَقَانِقْ
Feingebäck	fatāir	فَطَائِرْ

Für zwischendurch

Kleine Mahlzeiten haben in arabischen Städten Tradition. Es gibt, besonders in den Stadtkernen, eine Fülle von kleinen Restaurants und Imbissständen, die zahlreiche Spezialitäten anbieten. Qualität und Geschmack sind von Stand zu Stand sehr unterschiedlich.
Tipp: Gehen Sie dahin, wo Sie viele Kunden sehen.

Suppen	schurba / hasā	شُرْبَه / حَسَاء
Gemüsesuppe	schurbat chudar	شُرْبَةُ خُضَرْ
Fischsuppe	schurbat samak	شُرْبَةُ سَمَكْ

Salate	salata	سَلَطَةٌ
grüner Salat	salata chadra	سَلَطَةٌ خَضْرَه
Tomatensalat	salatat tamātim	سَلَطَةُ طَمَاطِمْ
Tabula	tabbūla *(Libanon)*	تَبُّولَه

Während des Fastenmonats ...

... sollte man in Gegenwart von Muslimen von Sonnenauf- bis Sonnenuntergang weder essen und trinken noch rauchen.

Vorspeisen	muqabbilāt	مُقَبِّلَاتٌ
Meze – mehrere Vorspeisen	massa munawwa'a	مَزَّةٌ مُنَوَّعَه
gegrillte Garnelen	dschambarī maschwī	جَمْبَرِي مَشْوِي

Hauptmahlzeiten	wadschabāt raīsīja	وَجَبَاتٌ رَئِيسِيَّةٌ
Couscous mit Lammfleisch	kuskusī bi-lahm il-charūf *(Maghreb)*	كُسْكُسِى بِلَحْمِ الْخَرُوفْ
Fleischbraten	lahm muhammar	لَحْمٌ مُحَمَّرْ
gegrilltes Fleisch	lahm maschwī	لَحْمٌ مَشْوِي
gegrillter Fisch	samak maschwī	سَمَكٌ مَشْوِي
Hackbraten	kifta	كِفْتَه
gebackenes Hähnchen	dadschādsch fī l-furn	دَجَاجٌ فِي الْفُرْنْ
Mulukiyya mit Tauben	mulūchīja bi-l-hamām *(Ägypten)*	مُلُوخِيَّه بِالْحَمَامْ
Nudelauflauf	makrūna fī l-furn *(Orient)*	مَكْرُونَه فِي الْفُرْنْ

Gemüse	chudar/chudār	خُضَرُ/خُضَارٌ
Reis	russ	رُز
Kartoffeln	batātā	بَطَاطَا
Nudeln	makrūna	مَكْرُونَه

Selbstversorger

Insider Tipp

In manchen arabischen Ländern können Sie die Betreiber kleinerer Restaurants fragen, ob sie Ihnen Fleisch oder Fisch, den Sie auf dem Markt kaufen, grillen oder nach Ihrem Wunsch zubereiten.
So bekommen Sie für wenig Geld Spezialitäten, die sonst nur in teueren Restaurants zu haben sind.

Obst und Süßspeisen	fawākih wa-halāwa	فَوَاكِهُ وَ حَلَاوَى
Orangen	burtuqāl	بُرْتُقَالْ
Äpfel	tuffāh	تُفَّاحْ
Birnen	idschdschās	إِجَّاصْ
Granatäpfel	rummān	رُمَّانْ
Feigen	tīn	تِينْ
Kaktusfeigen	tīn schaukī	تِينٌ شَوكِي
Pfirsiche	chauch / durrāq (Syrien)	خَوخْ / دُرَّاقْ
Aprikosen	mischmisch	مِشْمِشْ
Mango	mangō	مَنْجُو
frische Datteln / getrocknete Datteln	balah / tamr	بَلَحْ / تَمْرْ
Trauben	'inab	عِنَبْ
Maulbeeren	tūt	تُوتْ
Melonen	battīch	بَطِّيخْ
Quitten	safardschal	سَفَرْجَلْ
Bananen	maus	مَوز
Baklawa	baqlāwa	بَقْلَاوَه
Keks-Feingebäck	ka'k	كَعْكْ
Basbousa	basbūsa (Ägypten)	بَسْبُوسَه
verschiedenartige, sehr schmackhafte orientalische Süßigkeiten	halawījāt schāmīja	حَلَوِيَّاتٌ شَامِيَّه

قَائِمَةُ الْمَشْرُوبَاتِ

qāimat il-maschrūbāt

Getränkekarte

Tee	schāi	شَايٌّ
Tee mit Milch/ mit Zitrone	schāi bi-l-halīb/ bi-l-laimūn	شَايٌّ بِالْحَلِيبِ / بِاللَّيْمُونْ
Tee mit Minze	schāi bi-n-na'nā' *(Nordafrika)*	شَايٌّ بِالنَّعْنَاعْ
Kaffee	qahwa	قَهْوَةٌ
schwarzer Kaffee	qahwa bilā halīb	قَهْوَةٌ بِلَا حَلِيبْ
Kaffee mit Milch	qahwa bi-l-halīb	قَهْوَةٌ بِالْحَلِيبْ
arabischer Kaffee	qahwa 'arabīja	قَهْوَةٌ عَرَبِيَّه
arabischer Kaffee mit Kardamom	qahwa 'arabīja bi-l-hāl	قَهْوَةٌ عَرَبِيَّةٌ بِالْهَالْ

... mit wenig/mit viel Zucker

Insider Tipp

biqalīl / bikatīr min is-sukkar   بِقَلِيلٍ / بِكَثِيرٍ مِنَ السُّكَّرْ

Arabischer Kaffee wird meist mit Zucker gebrüht. Daher sollte man angeben, wie süß man den Kaffee möchte.

Kaffee mit Orangenblütenwasser	qahwa (bi-mā) s-sahr *(Tunesien)*	قَهْوَةٌ (بِمَاءِ) الزَّهْرْ
kalte/warme Milch	halīb bārid/sāchin	حَلِيبٌ بَارِدْ/سَاخِنْ
Milch mit Kakao	halīb bi-sch-schūkūlāta	حَلِيبٌ بِالشُّوكُولَاتَه

Limonade	līmōnāda	لِيمُونَادَه
Mineralwasser	mā ma'danī	مَاءٌ مَعْدَنِيٌّ
Orangensaft	'asīr burtuqāl	عَصِيُر بُرْتُقَالْ
Karottensaft	'asīr dschasar	عَصِيُر جَزَرْ
Mangosaft	'asīr mandscha	عَصِيُر مَنْجَه
Zuckerrohrsaft	'asīr qasab is-sukkar (Ägypten)	عَصِيُر قَصَبِ السُّكَّرْ

Wein	chamr/nabīḍ	خَمْرٌ/نَبِيذٌ
Rosé~	nabīḍ rōsē	نَبِيذٌ رُوزِيه
Rot~	nabīḍ ahmar	نَبِيذٌ أَحْمَرُ
Weiß~	nabīḍ abjad	نَبِيذٌ أَبْيَضُ
Champagner	schambānijā	شَمْبَانِيَا
Bier	bīra	بِيرَةٌ
alkoholfreies ~	bīra min ghair kuhūl	بِيرَةٌ مِنْ غَيْرِ كُحُولٍ

Vorsicht!

Alkohol gibt es nur in wenigen Restaurants und Hotels und ist meist teuer. Unbedingt probieren sollte man den libanesischen Wein oder den syrischen Arak (Anisschnaps). Es ist allerdings dringend zu empfehlen, sich nicht betrunken auf der Straße zu zeigen. Man kann sich dadurch große Unannehmlichkeiten einhandeln.

Nehmen Sie Kreditkarten?

Beim Einkaufen kommen Sie mit einer der Bilderbucheigenschaften der Araber in Berührung. Geschickt wird im Souk, und nicht nur dort, gefeilscht und gehandelt. Touristen sind gern gesehene und leichte Opfer, wohingegen die einheimischen Hausfrauen besonders gefürchtet sind. Deren Taktik setzt sich vor allem aus Preiskenntnis, Standhaftigkeit (Dickköpfigkeit) und oft einer guten Geschichte zusammen. Versuchen Sie es auch einmal. Sie werden durch einen guten Preis und eine Menge Spaß belohnt!

Öffnungszeiten

| offen/geschlossen | maftūh/mughlaq | مَفْتُوحٌ / مُغْلَقٌ |
| Betriebsferien | 'utlat il-muassasa | عُطْلَةُ الْمُؤَسَّسَةِ |

Je nach Jahreszeit und Region sind die Geschäfte in den meisten Städten von ca. 13.00 bis 16.00 geschlossen. Dafür bleiben sie abends oft bis 21.00 Uhr und länger geöffnet.

Wo finde ich ...?	ain adschid ...	أَيْنَ أَجِدُ ...؟
Können Sie mir ein ...- Geschäft empfehlen?	hal tastatī' an tuschīr 'alajja bi-matdschar ...	هَلْ تَسْتَطِيعُ أَنْ تُشِيرَ عَلَيَّ بِمَتْجَرٍ ...؟
Ich möchte ...	urīd ...	أُرِيدُ ...
Haben Sie ...?	hal 'indakum ...	هَلْ عِنْدَكُمْ ...؟
Ich nehme es.	sa-āchuḏhu	سَأَخُذُهُ
Wie viel kostet es?	māḏa jukallif	مَاذَا يُكَلِّفُ؟
Nehmen Sie ...	hal taqbalūn ...	هَلْ تَقْبَلُونَ ...
Kreditkarten?	bitāqāt taslīf	بِطَاقَاتِ تَسْلِيفٍ؟

Antiquitätengeschäft	dukkān it-tuhaf il-aṯarīja	دُكَّانُ التُّحَفِ الْأَثَرِيَّةِ
Apotheke	saidalīja → S. 52 f., 63	صَيْدَلِيَّةٌ
Bäckerei	machbas	مَخْبَزٌ

Marktpreis

Inside Tipp

Im Souk werden die Preise in der Regel ausgehandelt. Tipp: Fragen Sie den Händler nach dem Preis der Ware, und machen Sie selber kein Angebot, auch wenn er Sie darum bittet. Indem Sie auf diese Weise mehrere Händler befragen, erfahren Sie einen „Marktpreis", auf Grund dessen Sie mit Preisverhandlungen beginnen können. Falls Sie jedoch keine Lust auf diese „Prozedur" haben, sagen Sie einfach لَا أُرِيدُ أَنْ أُفَاصِلَ lā urīd an ufāsil „Ich möchte *nicht* handeln."

Buchhandlung	maktaba	مَكْتَبَةٌ
Drogerie	mahall mustahdarāt in-naḍāfa wa-t-tadschmīl → S. 53 f., 63	مَحَلُّ مُسْتَحْضَرَاتِ النَّظَافَةِ وَالتَّجْمِيلِ
Elektrohandlung	mahall baiʼ il-adawāt il-kahrabāīja → S. 54, 64	مَحَلُّ بَيْعِ الأَدَوَاتِ الْكَهْرَبَائِيَّةِ
Fotogeschäft	mahall taswīr → S. 54 f., 64	مَحَلُّ تَصْوِيرٍ
Friseur (Herren) (Damen)	hallāq kwāfēr → S. 55 f.	حَلَّاقٌ كَوَافِيرْ
Gemüsehändler	bāiʼ il-chudar	بَائِعُ الْخُضَرِ
Haushaltswarengeschäft	mahall il-adawāt il-mansilīja	مَحَلُّ الأَدَوَاتِ الْمَنْزِلِيَّةِ
Juwelier	dschauharī → S. 61	جَوْهَرِيٌّ
Kaufhaus	matdschar kabīr	مَتْجَرٌ كَبِيرٌ
Lebensmittelgeschäft	dukkān il-baqqāl → S. 56 ff.	دُكَّانُ الْبَقَّالِ
Markt	sūq	سُوقٌ
Metzgerei	dukkān il-dschassār	دُكَّانُ الْجَزَّارِ
Optiker	mahall in-naḍḍārātī → S. 60	مَحَلُّ النَّظَّارَاتِيِّ
Reisebüro	maktab is-safar	مَكْتَبُ السَّفَرِ
Schuhgeschäft	mahall il-ahḍija → S. 60	مَحَلُّ الأَحْذِيَةِ
Tabakladen	dukkān it-tabgh/dukkān id-duchān → S. 62, 64	دُكَّانُ التَّبْغِ/دُكَّانُ الدُّخَانِ
Zeitungskiosk	kuschk il-dscharāid → S. 61 f.	كُشْكُ الْجَرَائِدِ

Freitag ist Sonntag

F reitag ist in Arabien der Sonntag. An diesem islamischen Feiertag wird viel Zeit mit der Familie verbracht und die Männer gehen zur Mittagszeit in die Moschee. Dennoch findet man auch am Freitag geöffnete Geschäfte: In fast jeder größeren Stadt gibt es ein Christenviertel, in dem natürlich dann am Sonntag die Läden geschlossen sind.

APOTHEKE	saidalīja	صَيْدَلِيَّةٌ
Wo ist die nächste Apotheke (mit Nachtdienst)?	ain aqrab saidalīja (munāwiba)	أَيْنَ أَقْرَبُ صَيْدَلِيَّةٍ (مُنَاوِبَةٍ)
Geben Sie mir bitte etwas gegen ...	a'tinī (f-a'tīnī) schai min fadlak (f-ik) didd ...	أَعْطِنِي شَيْئًا مِنْ فَضْلِكَ ضِدَّ ...
einnehmen	tanāwala/achada	تَنَاوَلَ / أَخَذَ
äußerlich	li-l-isti'māl il-chāridschī	لِلِاسْتِعْمَالِ الْخَارِجِيِّ
vor dem Essen	qabl il-akl	قَبْلَ الْأَكْلِ
nach dem Essen	ba'd il-akl	بَعْدَ الْأَكْلِ
Antibabypille	hubūb man' il-haml	حُبُوبُ مَنْعِ الْحَمْلِ
Antibiotikum	muddādd hajawī	مُضَادٌّ حَيَوِيٌّ
Brandsalbe	marham didd il-hurūq	مَرْهَمٌ ضِدَّ الْحُرُوقِ
Fieberthermometer	mīsān harāra (tibbī)	مِيزَانُ حَرَارَةٍ (طِبِّيٍّ)
Gegengift	tirjāq/didd is-summ	تِرْيَاقٌ / ضِدَّ السُّمِّ
Halstabletten	hubūb li-l-halq	حُبُوبٌ لِلْحَلْقِ
Hustensaft	scharāb didd is-su'āl	شَرَابٌ ضِدَّ السُّعَالِ
Insektenmittel	mubīd hascharāt	مُبِيدُ حَشَرَاتٍ
Insulin	ansūlīn	أَنْسُولِينْ
Jod(tinktur)	jūd/sabghat il-jūd	يُودٌ / صَبْغَةُ الْيُودِ
Kopfschmerz-tabletten	aqrās didd is-sudā'	أَقْرَاصٌ ضِدَّ الصُّدَاعِ
Kreislaufmittel	dawā li-adschl id-daura d-damawīja	دَوَاءٌ لِأَجْلِ الدَّوْرَةِ الدَّمَوِيَّةِ
Magenmittel	dawā li-l-ma'ida	دَوَاءٌ لِلْمَعِدَةِ
Medikament	dawā	دَوَاءٌ
Mullbinde	ribāt schāsch	رِبَاطُ شَاشٍ
Nebenwirkungen	ātār dschānibīja	آثَارٌ جَانِبِيَّةٌ

Ohrentropfen	qatra li-l-uḏun	قَطْرَةٌ لِلأُذُنِ
Pflaster	scharīt lāsiq	شَرِيطٌ لاَصِقٌ
Rezept	wasfa	وَصْفَةٌ
Schlaftabletten	aqrās munawwima	أَقْرَاصٌ مُنَوِّمَةٌ
Schmerztabletten	aqrās didd il-alam	أَقْرَاصٌ ضِدَّ الأَلَمِ
Sonnenbrand	lat' isch-schams	لَطْعُ الشَّمْسِ

DROGERIE	مَحَلُّ مُسْتَحْضَرَاتِ النَّظَافَةِ وَالتَّجْمِيلِ
	mahall mustahdarāt in-naḏāfa wa-t-tadschmīl

Bürste	furscha	فُرْشَةٌ
Creme	krīm	كُرِيمٌ
Damenbinden	fuwat nisāīja	فُوَطٌ نِسَائِيَّةٌ
Deo(dorant)	musīl ir-rāiha	مُزِيلُ الرَّائِحَةِ
Haar|bürste	furschat isch-scha'r	فُرْشَةُ الشَّعْرِ
~waschmittel	schāmbō	شَامْبُو
Kamm	muscht	مُشْطٌ
Papiertaschentücher	manādīl il-waraq	مَنَادِيلُ الْوَرَقِ
Pflaster	scharīt lāsiq	شَرِيطٌ لاَصِقٌ
Pinzette	milqat	مِلْقَطٌ
Präservativ	kabbūd/wāqi	كَبُّودٌ/وَاقٍ
Rasierklinge	schafrat il-hilāqa	شَفْرَةُ الْحِلاَقَةِ
~pinsel	furschat il-hilāqa	فُرْشَةُ الْحِلاَقَةِ
~seife	sābūn il-hilāqa	صَابُونُ الْحِلاَقَةِ
Saugflasche	raddā'a	رَضَّاعَةٌ
Schnuller	massāsa/bassāsa	مَصَّاصَةٌ/بَزَّازَةٌ
Seife	sābūn	صَابُونٌ

Sonnencreme	krīm li-sch-schams	كُرِيمٌ لِلشَّمْسِ
Spiegel	mirā	مِرْآةٌ
Tampons	fuwat nisāīja ustuwānīja	فُوَطٌ نِسَائِيَّةٌ أُسْطُوَانِيَّةٌ
Toilettenpapier	waraq il-mirhād	وَرَقُ الْمِرْحَاضِ
Windeln	hifāḍāt/fuwat	حِفَاظَاتٌ/فُوَطٌ
Zahn|bürste	furschat asnān	فُرْشَةٌ أَسْنَانٍ
~pasta	ma'dschūn asnān	مَعْجُونُ أَسْنَانٍ

ELEKTROHANDLUNG	مَحَلُّ بَيْعِ الأَدَوَاتِ الْكَهْرَبَائِيَّةِ
	mahall bai' il-adawāt il-kahrabāīja

Batterie	battārīja	بَطَّارِيَّةٌ
CD/Compactdisc	sī dī	سِي دِي
Kassette	kāsīt	كَاسِيتٌ
Schallplatte	ustuwāna	أُسْطُوَانَةٌ
Taschenlampe	misbāh dschaib	مِصْبَاحُ جَيْبٍ
Video|film	film fīdjū	فِلْمُ فِيدْيُو
~kassette	scharīt fīdjū	شَرِيطُ فِيدْيُو
Walkman®	wokmān	وُكْمَانْ

FOTOARTIKEL	lawāsim it-taswīr لَوَازِمُ التَّصْوِيرِ

Ich möchte ...	... أُرِيدُ
	urīd ...
einen Film für diesen Fotoapparat.	فِلْمًا لِآلَةِ التَّصْوِيرِ هَذِهِ
	film li-ālat it-taswīr hāḏihi
einen Farbfilm für Dias.	فِلْمَ شَرَائِحَ ضَوْئِيَّةٍ مُلَوَّنًا
	film scharāih dauīja mulawwan
Das ist kaputt.	هَذَا مُعَطَّلٌ.
	hāḏā mu'attal
Können Sie es bitte reparieren?	هَلْ مِنَ الْمُمْكِنِ أَنْ تُصْلِحَهُ مِنْ فَضْلِكَ؟
	hal min il-mumkin an tuslihahu min fadlak

Auslöser	mutliq/miftāh	مُطْلِقٌ / مِفْتَاحٌ
Blitzgerät, Blitzwürfel	flāsch/dau lāqit	فْلَاشْ / ضَوْءٌ لَاقِطًا
Film|empfindlichkeit	hasāsījat il-film	حَسَاسِيَّةُ الْفِلْمِ
~kamera	ālat taswīr sīnamāī	اَلَةُ تَصْوِيرٍ سِينَمَائِيٍّ
Linse	'adasa	عَدَسَةٌ
Objektiv	'adasa schajīja	عَدَسَةٌ شَيْئِيَّةٌ
Schwarzweiß-Film	film abjad wa-aswad	فِلْمٌ أَبْيَضُ وَأَسْوَدُ

| **FRISEUR (Herren)** | hallāq | حَلَّاقٌ |
| **(Damen)** | kwāfēr | كُوَافِيرٌ |

Kann ich mich für morgen anmelden?

هَلْ أَسْتَطِيعُ أَنْ آخُذَ مَوْعِدًا لِيَوْمِ غَدٍ؟

hal astatī' an āchuḏ mau'id li-jaum ghad

Waschen und föhnen/ legen, bitte.

غَسِيلٌ وَتَجْفِيفٌ / وَلَفٌّ مِنْ فَضْلِكَ

ghasīl wa tadschfīf/wa laff min fadlak (f-ik)

Schneiden mit/ohne Waschen, bitte.

قَصٌّ مَعَ / بِدُونِ غَسِيلٍ مِنْ فَضْلِكَ

qass ma'/bidūn ghasīl min fadlak (f-ik)

Nicht zu kurz, bitte.

مِنْ فَضْلِكَ، لَيْسَ قَصِيرًا جِدًّا

min fadlak (f-ik), laisa qasīr dschiddan

Ganz kurz, bitte.

مِنْ فَضْلِكَ، قَصِيرًا جِدًّا

min fadlak (f-ik), qasīr dschiddan

Etwas kürzer, bitte.

مِنْ فَضْلِكَ، أَقْصَرَ قَلِيلًا

min fadlak (f-ik), aqsar qalīl

Rasieren, bitte.

أَرْجُوكَ حَلْقَ الذَّقْنِ

ardschūk halq iḏ-ḏaqn

Stutzen Sie mir bitte den Bart.

قَصِّرْ لِي اللِّحْيَةَ مِنْ فَضْلِكَ

qassir lī l-lihja min fadlak

Vielen Dank. So ist es gut.

شُكْرًا جَزِيلًا، هَكَذَا حَسَنٌ

schukran dschasīlān, hākaḏā hasan

Bart	lihja	لِحْيَةٌ
Dauerwelle	tamwīdsch	تَمْوِيجٌ
färben	sabagha	صَبَغَ
föhnen	dschaffafa	جَفَّفَ
Frisur	tasrīha/tasfīfa	تَسْرِيحَةٌ/تَصْفِيفَةٌ
Haar	scha'r	شَعْرٌ
~schnitt	qass isch-scha'r	قَصُّ الشَّعْرِ
Schnurrbart	schārib	شَارِبٌ
Shampoo	schāmbō	شَامْبُو
tönen	lawwana	لَوَّنَ

HAUSHALTSWAREN		اَلأَدَوَاتُ الْمَنْزِلِيَّةُ
		al-adawāt il-mansilīja

Brennspiritus	sibirtū waqūd	سِبِرْتُو وَقُودٍ
Dosenöffner	miftāh il-'ulab	مِفْتَاحُ الْعُلَبِ
Flaschenöffner	miftāh is-sudschādschāt	مِفْتَاحُ الزُّجَاجَاتِ
Grillkohle	fahm li-sch-schawwāja	فَحْمٌ لِلشَّوَّايَةِ
Kerzen	scham'āt	شَمْعَاتٌ
Petroleum	kīrūsīn	كِيرُوسِينْ
Plastikbeutel	kīs blāstīk	كِيسُ بْلاَسْتِيكْ
Taschenmesser	mitwā/sikkīn dschaib	مِطْوَاةٌ/سِكِّينُ جَيْبٍ

LEBENSMITTEL	al-mawādd il-ghiḏāīja	اَلْمَوَادُّ الْغِذَائِيَّةُ

Eine ausführliche Übersicht von Lebensmitteln und Gerichten finden Sie im Kapitel ESSEN & TRINKEN auf Seite 43 ff.

Was darf es sein?	māḏā turīd (ƒturīdīn)/	مَاذَا تُرِيدُ /
	māḏā tawadd (ƒtawaddīn)	مَاذَا تَوَدُّ؟

Geben Sie mir bitte ...	a'tinī (f a'tinī) min fadlak (f -ik) ...	... أَعْطِنِي مِنْ فَضْلِكَ
ein Kilo ...	kīlō ...	... كِيلُو
100 Gramm ...	miat ghrām ...	... مِئَةَ غْرَامٍ
ein Stück von ...	qit'a min ...	... قِطْعَةً مِنْ
eine Packung ...	'ulbat ...	... عُلْبَةَ
ein Glas	kas ...	... كَأْس
eine Dose ...	'ulbat ...	... عُلْبَةَ
eine Flasche ...	sudschādschat ...	... رُجَاجَةَ
eine Einkaufstüte.	kīs (li-l-muschtarajāt)	كِيسًا (لِلْمُشْتَرَيَاتِ)
Danke, das ist alles.	schukran, hāḍā kull schai	شُكْرًا، هَذَا كُلُّ شَيْءٍ
Babynahrung	ta'ām ir-rudda'	طَعَامُ الرُّضَّع
Bier	bīra	بِيرَةٌ
Brot	chubs	خُبْزٌ
Butter	subda	زُبْدَةٌ
Eier	baid	بَيْضٌ
Eis	dschīlāti	جِيلَاتِي
Fisch	samak → S. 41, 45	سَمَكٌ
Fleisch	lahm → S. 45	لَحْمٌ
frisch	tāsadsch	طَازَجٌ
Gebäck	ka'k wa fatāïr → S. 46	كَعْكٌ وَفَطَائِرُ
Gemüse	chudar → S. 39, 45	خُضَرٌ
Hackfleisch	lahm mafrūm	لَحْمٌ مَفْرُومٌ
Joghurt	laban sabādī	لَبَنُ زَبَادِي
Käse	dschubn → S. 43	جُبْنٌ
Kekse	baskawït/baskōt	بَسْكِوِيتْ / بَسْكُوتْ
Knoblauch	ṭūm	ثُومٌ
Konserven	mu'allabāt	مُعَلَّبَاتٌ
Kuchen	gātō → S. 46	جَاتُوهْ

Marmelade	murabba → S. 43	مُرَبَّى
Milch	halīb/laban *(äg.)*	حَلِيبٌ/لَبَنٌ
Nüsse	dschaus	جَوْزٌ
Obst	fākiha/fawākih → S. 40, 46	فَاكِهَةٌ/فَوَاكِهُ
Öl	sait	زَيْتٌ
Sahne	qischda/qischta	قِشْدَةٌ/قِشْطَةٌ
Salat	salata	سَلَطَةٌ
Salz	milh	مِلْحٌ
Schokolade	schōkōlāta	شُوكُولَاتَةٌ
Suppe	schurba → S. 44	شُرْبَةٌ
Süßigkeiten	sakākir/sukkarījāt → S. 46	سَكَاكِرُ/سُكَّرِيَّاتٌ
Würstchen	naqāniq	نَقَانِقُ

MODE	mōda	مُوضَةٌ

Können Sie mir ... zeigen?	هَلْ تَسْتَطِيعُ أَنْ تُرِينِي ...؟
	hal tastatī' (*f* tastatī'īn) an turīnī ...
Kann ich es anprobieren?	هَلْ مِنَ الْمُمْكِنِ أَنْ أُجَرِّبَهُ؟
	hal min il-mumkin an udscharribhu
Welche (Konfektions-) Größe haben Sie?	مَا هُوَ مَقَاسُكَ؟
	mā huwa maqāsak (*f* -ik)
Das ist mir zu ...	هَذَا ...
	hāḍā ...
eng/weit.	ضَيِّقٌ/وَاسِعٌ كَثِيرًا عَلَيَّ
	dajjiq/wāsi' katīr 'alajja
kurz/lang.	قَصِيرٌ/طَوِيلٌ كَثِيرًا عَلَيَّ
	qasīr/tawīl katīr 'alajja
klein/groß.	صَغِيرٌ/كَبِيرٌ كَثِيرًا عَلَيَّ
	saghīr/kabīr katīr 'alajja

Badelanzug	libās is-sibāha	لِبَاسُ السِّبَاحَةِ
~hose	sirwāl is-sibāha/mājō	سِرْوَالُ السِّبَاحَةِ/مَايُوهْ
~mantel	burnus il-hammām	بُرْنُسُ الْحَمَّامِ
Baumwolle	qutn	قُطْنٌ
Bikini	bīkīnī	بِيكِينِي
Bluse	qamīs nisāī/blūsa	قَمِيصٌ نِسَائِيٌّ/بْلُوزَه
Farbe	laun	لَوْنٌ
Frottee	qumāsch il-manāschif	قُمَاشُ الْمَنَاشِفِ
Gürtel	hisām	حِزَامٌ
Handlschuhe	qafāfīs/qaffāsāt	قَفَافِيزُ/قَفَّازَاتٌ
~tasche	haqībat il-jad	حَقِيبَةُ الْيَدِ
Hemd	qamīs	قَمِيصٌ
Hose	bantalūn/sirwāl	بَنْطَلُونٌ/سِرْوَالٌ
Hut	qubba'a	قُبَّعَةٌ
Jacke	sutra/dschākīt	سُتْرَةٌ/جَاكِيتْ
Jeans	dschīns	جِينْزْ
Kleid	fustān/ṭaub	فُسْتَانٌ/ثَوْبٌ
Krawatte	ribāt il-'unuq/krawatte	رِبَاطُ الْعُنُقِ/كُرَافَتّه
Mantel	mi'taf	مِعْطَفٌ
Mütze	tāqīja	طَاقِيَّةٌ
Nachthemd	qamīs in-naum	قَمِيصُ النَّوْمِ
Pullover	kansa/bulufar	كَنْزَةٌ/بُلُوفَرْ
Pyjama	bīdschāmā	بِيجَامَا
Regenmantel	mi'taf muschamma'	مِعْطَفٌ مُشَمَّعٌ
Rock	tannūra	تَنُّورَةٌ
Seide	harīr	حَرِيرٌ
Unterlhemd	qamīs dāchilī	قَمِيصٌ دَاخِلِيٌّ
~hose	sirwāl dāchilī	سِرْوَالٌ دَاخِلِيٌّ
~wäsche	malābis dāchilīja	مَلَابِسُ دَاخِلِيَّةٌ
Wolle	sūf	صُوفٌ

Ich möchte ein Paar ...schuhe.	urīd saudsch aḥḏija ...	أُرِيدُ زَوْجَ أَحْذِيَةٍ ...
Ich habe Schuhgröße ...	qijās aḥḏijatī ...	قِيَاسُ أَحْذِيَتِي ...
Sie sind zu eng/weit.	humā ḍajjiqān/wāsi'ān kaṯīr	هُمَا ضَيِّقَانِ/وَاسِعَانِ كَثِيرًا
Sandalen	sandal	صَنْدَلٌ
Schuh|e	hiḏā (sing)/aḥḏija (pl)	حِذَاءٌ / أَحْذِيَةٌ
~creme	dihān il-aḥḏija/būja	دِهَانُ الأَحْذِيَةِ/بُوَيَه
Stiefel	dschasma/hiḏā schatwī	جَزْمَةٌ/حِذَاءٌ شَتْوِيٌّ
Turnschuh	hiḏā r-rijāḍa	حِذَاءُ الرِّيَاضَةِ

Würden Sie mir bitte die Brille reparieren?	أُرِيدُ تَصْلِيحَ النَّظَّارَةِ مِنْ فَضْلِكَ urīd taslīḥ in-naḍāra min faḍlak (f-ik)
Ich bin kurzsichtig/weitsichtig.	عِنْدِي قِصَرُ/طُولُ نَظَرٍ 'indī qisar/ṭūl naḍar
Wie ist Ihre Sehstärke?	مَا هِيَ قُوَّةُ بَصَرِكَ؟ mā hija quwwat basarak (f-ik)
rechts plus/minus ...	فِي الْيَمِينِ، زَائِدٌ/نَاقِصٌ ... fī l-jamīn, sāid/nāqis ...
links plus/minus ...	فِي الْيَسَارِ، زَائِدٌ/نَاقِصٌ ... fī l-jasār, sāid/nāqis ...
Ich suche ein Fernglas.	أُفَتِّشُ عَنْ مِنْظَارٍ ufattisch 'an minḍār

SCHMUCK	hali	حَلْيٌ

Ich möchte ein hübsches
Andenken.

أُرِيدُ تَذْكَارًا جَمِيلًا
urīd taḏkār dschamīl

Ich möchte ein hübsches
Geschenk.

أُرِيدُ هَدِيَّةً جَمِيلَةً
urīd hadīja dschamīla

Armband	siwār	سِوَارٌ
~uhr	sā'at jad	سَاعَةُ يَدٍ
Brosche	burōsch/mischbak	بُرُوشْ / مِشْبَكٌ
Gold	ḏahab	ذَهَبٌ
Kette	'iqd	عِقْدٌ
Kristall	krīstāl/billaur	كْرِيسْتَالْ / بِلَّوْرٌ
Ohrringe	halaq	حَلَقٌ
Perle	lulua	لُؤْلُؤَةٌ
Ring	chātim/chātam	خَاتِمٌ / خَاتَمٌ
Silber	fiḍḍa	فِضَّةٌ

SCHREIBWAREN	qirtāsīja	قِرْطَاسِيَّةٌ

Haben Sie deutsche
Zeitungen/Zeitschriften?

هَلْ عِنْدَكَ صُحُفْ / مَجَلَّاتْ أَلْمَانِيَّةٌ؟
hal 'indak (f-ik) suhuf/madschallāt almānīja

Ich hätte gern ...

... أُرِيدُ
urīd ...

einen Reiseführer.

دَلِيلًا سِياحِيًّا
dalīl sijāhī

eine Wanderkarte
von dieser Gegend.

خَرِيطَةً لِلتَّجْوَالِ فِي هَذِهِ الْمِنْطَقَةِ
charīta li-t-tadschwāl fī hāḏihi l-mintaqa

Ansichtskarte	bitāqa musauwara	بِطَاقَةٌ مُصَوَّرَةٌ
Brief|marke	tābi' l-barīd	طَابِعُ الْبَرِيدِ
~umschlag	ḍarf ir-risāla	ظَرْفُ الرِّسَالَةِ
Kugelschreiber	qalam il-hibr il-dschāff	قَلَمُ الْحِبْرِ الْجَافَّ
Landkarte	charīta	خَرِيطَةٌ

Notizblock	muḏakkira/mufakkira	مُذَكِّرَةٌ / مُفَكِّرَةٌ
Reiseführer	dalīl sijāḥī	دَلِيلٌ سِيَاحِيٌّ
Stadtplan	charīṭat il-madīna	خَرِيطَةُ الْمَدِينَةِ
Straßenkarte	charīṭat isch-schawāri'	خَرِيطَةُ الشَّوَارِعِ
Wanderkarte	charīṭa li-t-tadschwāl	خَرِيطَةٌ لِلتَّجْوَالِ
Zeitschrift	madschalla	مَجَلَّةٌ
Zeitung	dscharīda/saḥīfa	جَرِيدَةٌ / صَحِيفَةٌ

| **TABAKWAREN** | ad-duchān | الدُّخَانُ |

Ein Päckchen/Eine Stange
... *(Marke)* mit/ohne Filter,
bitte.

أُرِيدُ عُلْبَةَ / جُرُوزَ سَجَائِرَ ... مَعَ / بِدُونِ
فِلْتَرٍ مِنْ فَضْلِكَ

urīd 'ulbat/dschrūs sagāir ... ma' *(mit)*/bidūn *(ohne)* filtar min fadlak (*f*-ik)

Zehn Zigarren, bitte.

عَشَرَةً مِنَ السِّيجَارِ مِنْ فَضْلِكَ

'aschara min is-sīdschār min fadlak (*f*-ik)

Eine Schachtel
Streichhölzer, bitte.

عُلْبَةَ كِبْرِيتٍ مِنْ فَضْلِكَ

'ulbat kibrīt min fadlak (*f*-ik)

Bilder
zum Zeigen
Kleidung

in der Drogerie

Bilder
zum Zeigen

Elektroartikel

Schreiben
& Rauchen

Übernachtung

Ein Doppelzimmer, bitte

Lange Zeit stellte die fehlende oder unzureichende Hotellerie eines der großen Hindernisse bei Reisen in die arabische Welt dar. Heute sind in den Städten Hotels aller Kategorien und für jeden Geldbeutel zu finden. Auf dem Lande wird der anspruchsvolle Kunde jedoch nach wie vor noch Abstriche machen müssen. Oft ist es aber gerade die kleine einfache Herberge, die Einblick in Kultur und Lebensweisen eröffnet. Hier findet man die lokale Küche, gute Tipps, was man wo am Besten kauft, was man sich noch so alles anschauen sollte …

Können Sie mir bitte ... empfehlen?	هَلْ مِنَ الْمُمْكِنِ أَنْ تُرْشِدَنِي إِلَى ...
	hal min il-mumkin an turschidnī (ƒturschidīnī) ilā ...
ein gutes Hotel	فُنْدُقٍ جَيِّدٍ؟
	funduq dschajjid
eine Pension	نُزُلٍ / بَنْسْيُونٌ؟
	nusul/bansjön
Gibt es hier einen Campingplatz/ eine Jugendherberge?	هَلْ يُوْجَدُ هُنَا مُخَيَّمٌ / بَيْتٌ لِلشَّبَابِ؟
	hal jūdschad hunā muchajjam/ bait li-sch-schabāb

... IM HOTEL

<table>
<tr><td>REZEPTION</td><td>maktab il-istiqbāl</td><td>مَكْتَبُ الِاسْتِقْبَالِ</td></tr>
</table>

Ich habe bei Ihnen ein Zimmer reserviert. Mein Name ist ...	حَجَزْتُ غُرْفَةً لَدَيْكُمْ، اسْمِي ...
	hadschastu ghurfa ladaikum, ismī ...
Haben Sie noch Zimmer frei?	هَلْ لَدَيْكُمْ غُرْفَةٌ ...
	hal ladaikum ghurfa ...
... für eine Nacht.	لِلَيْلَةٍ وَاحِدَةٍ؟
	li-laila wāhida
... für zwei Tage.	لِيَوْمَيْنِ؟
	li-jaumain
... für eine Woche.	لِأُسْبُوعٍ؟
	li-usbū'
Ja, was für ein Zimmer wünschen Sie?	نَعَمْ، مَاذَا تُرِيدُ؟
	na'am, māḍā turīd (ƒturīdīn)
ein Einzelzimmer	غُرْفَةٌ لِشَخْصٍ وَاحِدٍ ...
	ghurfa li-schachs wāhid
ein Zweibettzimmer	غُرْفَةٌ لِشَخْصَيْنِ
	ghurfa li-schachsain

mit Dusche.	فِيهَا دُوش
	fīhā dūsch
mit Bad.	فِيهَا حَمَّامٌ
	fīhā hammām
Kann ich das Zimmer ansehen?	هَلْ أَسْتَطِيعُ مُشَاهَدَةَ الْغُرْفَةِ؟
	hal astatī' muschāhadat il-ghurfa
Was kostet das Zimmer mit ...	كَمْ تُكَلِّفُ الْغُرْفَةَ ...
	kam tukallif il-ghurfa ...
Frühstück?	مَعَ الْفُطُورِ؟
	ma'a l-futūr
Halbpension?	مَعَ وَجْبَتَيْنِ؟
	ma'a wadschbatain
Vollpension?	مَعَ ثَلَاثِ وَجَبَاتٍ؟
	ma'a talāt wadschabāt
Wo ist der Speisesaal?	أَيْنَ قَاعَةُ الطَّعَامِ؟
	ain qā'at it-ta'ām

Frühstück: ESSEN & TRINKEN, → S. 42 f.

Bitte meinen Schlüssel.	مِفْتَاحِي مِنْ فَضْلِكَ
	miftāhī min fadlak (f-ik)

BEANSTANDUNGEN   schakāwā   شَكَاوَى

Das Zimmer ist nicht gereinigt worden.	اَلْغُرْفَةُ لَمْ تُنَظَّفْ
	al-ghurfa lam tunaddaf
Die Dusche ...	الدُّوشُ ...
	ad-dūsch ...
Die Spülung ...	اَلسِّيفُونْ ...
	as-sīfōn ...
Die Heizung ...	اَلتَّدْفِئَةُ ...
	at-tadfia ...
Das Licht ...	اَلْمِصْبَاحُ / اَلضَّوْءُ ...
	al-misbāh/ad-dau ...
funktioniert nicht.	لَا يَشْتَغِلُ
	lā jaschtaghil
Es kommt kein (warmes) Wasser.	لَا يُوْجَدُ مَاءٌ (سَاخِنٌ)
	lā jūdschad mā (sāchin)

| Ich reise heute Abend/ morgen um ... Uhr ab. | أُسَافِرُ الْيَوْمَ مَسَاءً/صَبَاحًا السَّاعَةَ ... |
| | usāfir il-jaum masāan/sabāhan is-sā'a ... |

| Machen Sie bitte die Rechnung fertig. | جَهِّزْ لِي الْحِسَابَ، مِنْ فَضْلِكَ |
| | dschahhis (ƒdschahhisī) lī l-hisāb, min fadlak (ƒ-ik) |

| Vielen Dank für alles! Auf Wiedersehen! | شُكْرًا جَزِيلًا وَوَدَاعًا! |
| | schukran dschasīlān wa wadā'an |

Abendessen	'aschā	عَشَاءٌ
Anmeldung	tasdschīl	تَسْجِيلٌ
Badezimmer	hammām	حَمَّامٌ
Bett	sarīr	سَرِيرٌ
Dusche	miraschscha/dūsch	مِرَشَّةٌ/دُوشْ
Etage	tābiq/daur (äg.)	طَابِقٌ/دَوْرٌ
Fenster	nāfida/schubbāk	نَافِذَةٌ/شُبَّاكٌ
Frühstück	futūr	فُطُورٌ
Frühstücksraum	qā'at il-futūr	قَاعَةُ الْفُطُورِ
Halbpension	iqāma ma'a wadschbatain	إِقَامَةٌ مَعَ وَجْبَتَيْنِ
Handtuch	fūta (äg.)/baschkīr (syr.)	فُوطَةٌ / بَشْكِيرٌ
Hauptsaison	al-mausim is-sijāhī	اَلْمَوْسِمُ السِّيَاحِيُّ
Heizung	tadfia	تَدْفِئَةٌ
Kinderbett	sarīr atfāl	سَرِيرُ أَطْفَالٍ
Klimaanlage	dschihās takjīf il-hawā	جِهَازُ تَكْيِيفِ الْهَوَاءِ
Mittagessen	ghadā	غَدَاءٌ
Nachsaison	mā ba'd il-mausim is-sijāhī	مَا بَعْدَ الْمَوْسِمِ السِّيَاحِيِّ
Pension	nusul/bansjōn	نُزُلٌ/بَنْسْيُونْ
Portier	bawwāb	بَوَّابٌ
reinigen	naddafa	نَظَّفَ
Reservierung	hadschs	حَجْزٌ
Rezeption	maktab il-istiqbāl	مَكْتَبُ الِاسْتِقْبَالِ
Safe	chisāna hadīdīja	خِزَانَةٌ حَدِيدِيَّةٌ

Schlüssel	miftāh	مِفْتَاحٌ
Speisesaal	qā'at it-ta'ām	قَاعَةُ الطَّعَامِ
Steckdose	maqbis/barīsa *(äg.)*	مَقْبِسٌ/بَرِيزَة
Stecker	qābis/fīscha *(äg.)*	قَابِسٌ/فِيشَة
Toilette	mirhād/tuwālēt	مِرْحَاضٌ/تُوَالِيتْ

Toiletten

Bitte werfen Sie nichts in die Toilette, auch kein Papier, weil die Abwasserleitungen leicht verstopfen. Für Abfälle gibt es kleine Mülleimer. Es empfiehlt sich Toilettenpapier mitzunehmen, da es auf vielen Toiletten fehlt.

Übernachtung	mabīt	مَبِيتٌ
Vollpension	iqāma ma'a talāt wadschabāt	إِقَامَةٌ مَعَ ثَلَاثِ وَجَبَاتٍ
Vorsaison	mā qabl il-mausim is-sijāhī	مَا قَبْلَ الْمَوْسِمِ السِّيَاحِيِّ
Waschbecken	maghsala	مَغْسَلَةٌ
Wasser	mā	مَاءٌ
~hahn	hanafīja	حَنَفِيَّةٌ
Zimmer	ghurfa	غُرْفَةٌ
~mädchen	chādima	خَادِمَةٌ
Zwischenstecker	qābis far'ī/fīsch	قَابِسٌ فَرْعِيٌّ/فِيشْ

Ist der Strom-/ Wasserverbrauch im Mietpreis enthalten?	هَلْ تَتَضَمَّنُ الْأُجْرَةُ اسْتِهْلَاكَ الْكَهْرَبَاء وَالْمَاء؟ hal tatadamman il-udschra istihlāk il-kahrabā wa-l-mā

Anreisetag	jaum il-wusūl	يَوْمُ الْوُصُولِ
Apartment	schiqqa	شِقَّةٌ
Bungalow	binghālō	بِنْغَالُو
Ferien|anlage	mutanassa li-qadā l-idschāsāt	مُتَنَزَّهٌ لِقَضَاء الْإِجَازَاتِ
~haus	bait mafrūsch (li-l-idschāsa)	بَيْتٌ مَفْرُوشٌ (لِلْإِجَازَة)
~wohnung	schiqqa mafrūscha (li-l-idschāsa)	شِقَّةٌ مَفْرُوشَةٌ (لِلْإِجَازَة)

Herd	mauqid/furn	مَوْقِدٌ/فُرْنٌ
Kochnische	matbach saghīr	مَطْبَخٌ صَغِيرٌ
Kühlschrank	ṭallādscha/barrād	ثَلَّاجَةٌ/بَرَّادٌ
Miete	udschra	أُجْرَةٌ
Müll	qumāma/subāla	قُمَامَةٌ/زُبَالَةٌ
Nebenkosten	takālīf idāfīja	تَكَالِيفُ إِضَافِيَّةٌ
Schlafzimmer	ghurfat in-naum	غُرْفَةُ النَّوْمِ
Strom	kahrabā	كَهْرَبَاءٌ
vermieten	adschdschara	أَجَّرَ
Waschmaschine	ghassāla	غَسَّالَةٌ

... AUF DEM CAMPINGPLATZ

Haben Sie noch Platz für einen Wohnwagen/ein Zelt?	هَلْ عِنْدَكَ مَكَانٌ لِمَقْطُورَةِ نَوْمٍ/لِخَيْمَةٍ؟ hal 'indak (f -ik) makān li-maqtūrat naum/li-chaima
Wie hoch ist die Gebühr pro Tag und Person?	كَمِ الأُجْرَةُ لِشَخْصٍ وَاحِدٍ فِي الْيَوْمِ؟ kam il-udschra li-schachs wāhid fī l-jaum
Wir bleiben ... Tage/Wochen.	سَنَبْقَى ... أَيَّامٍ/أَسَابِيعَ sa-nabqā ... ajjām/asābī'
Wo sind ...	أَيْنَ ... ain ...
die Toiletten?	دَوْرَاتُ الْمِيَاهِ/التَّوَالِيتِ؟ daurāt il-mijāh/at-tuwālēt
die Waschräume?	أَلْمَغَاسِلُ؟ al-maghāsil
die Duschen?	أَلْحَمَّامَاتُ/اَلدُّوشُ؟ al-hammāmāt/ad-dūsch
Gibt es hier Stromanschluss?	هَلْ يُوجَدُ هُنَا مَأْخَذُ تَيَّارٍ كَهْرَبَائِيٍّ؟ hal jūdschad hunā machad tajjār kahrabāī

Benutzungsgebühr	rusūm il-isti'māl	رُسُومُ الإسْتِعْمَالِ
Camping	tachjīm	تَخْيِيمٌ
Campingplatz	muchajjam/makān it-tachjīm	مُخَيَّمٌ/مَكَانُ التَّخْيِيمِ
Gasflasche	ustuwānat il-ghās	أُسْطُوَانَةُ الْغَازِ
Kocher	mauqid/sachchān	مَوْقِدٌ/سَخَّانٌ
leihen	a'āra/adschdschara	أَعَارَ/أَجَّرَ
Leihgebühr	rusūm il-istidschār	رُسُومُ الإسْتِئْجَارِ
Petroleumlampe	qindīl	قِنْدِيلٌ
Steckdose	maqbis/barīsa *(äg.)*	مَقْبِسٌ/بَرِيزَهْ
Stecker	qābis/fīscha *(äg.)*	قَابِسٌ/فِيشَهْ
Strom	kahrabā	كَهْرَبَاءٌ
~anschluss	machaḍ it-tajjār il-kahrabāī	مَأْخَذُ التَّيَّارِ الْكَهْرَبَائِيِّ
Trinkwasser	mā sch-schurb	مَاءُ الشُّرْبِ
Voranmeldung	mau'id sābiq	مَوْعِدٌ سَابِقٌ
Wasser	mā	مَاءٌ

Kann ich bei Ihnen ... leihen?	hal astatī' istidschār ...	هَلْ أَسْتَطِيعُ اسْتِئْجَارَ ...؟
Bettwäsche	bajādāt sarīr	بَيَاضَاتِ سَرِيرٍ
einen Schlafsack	kīs naum	كِيسِ نَوْمٍ
Jugendherberge	bait isch-schabāb	بَيْتُ الشَّبَابِ
Jugendherbergsausweis	bitāqat il-'udwīja fī bujūt isch-schabāb	بِطَاقَةُ الْعُضْوِيَّةِ فِي بُيُوتِ الشَّبَابِ
Schlafsaal	'anbar in-naum	عَنْبَرُ النَّوْمِ
Waschraum	al-maghāsil	اَلْمَغَاسِلُ

Bilder
zum Zeigen

Waschen &

Schlafen

Bilder
zum Zeigen

für alle
Fälle

Was unternehmen wir?

Ob Phönizier, Römer, Kreuzritter, Mamelukken oder Osmanen, die arabische Welt hat zahllose Zivilisationen gesehen. Und alle haben ihre Spuren hinterlassen: in Traditionen, Sprache und Bauwerken. Die große Zahl und Vielfalt der Ruinen, Ausgrabungsfelder und architektonischen Kunstwerken machen die Wahl der Besichtigungen nicht leicht. Neben den bekannten Sehenswürdigkeiten sind oft besonders die kleinen etwas abseits gelegenen Relikte der Vergangenheit hoch interessant.

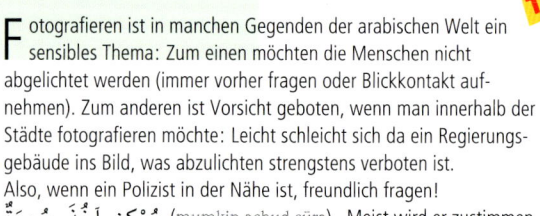
Ich möchte einen Stadtplan von ... haben.	أُرِيدُ خَرِيطَةً لِمَدِينَةٍ ... urīd charīta li-madīnat ...
Welche Sehenswürdigkeiten gibt es hier?	مَا هِيَ الْمَعَالِمُ الْمَوْجُودَةُ هُنَا؟ mā hija l-ma'ālim il-maudschūda hunā
Gibt es Stadtrundfahrten?	هَلْ يُوجَدُ جَوْلَاتٌ مُنَظَّمَةٌ فِي الْمَدِينَةِ؟ hal jūdschad dschaulāt munaḍḍama fī l-madīna
Besuchen wir auch ...?	هَلْ سَنَزُورُ ... أَيْضًا؟ hal sa-nasūr ... aidan
Wann fahren wir zurück?	مَتَى سَنَعُودُ؟ matā sa-na'ūd

SEHENSWERTES

Wann ist das Museum geöffnet?	مَتَى يَكُونُ الْمَتْحَفُ مَفْتُوحًا؟ matā jakūn il-mathaf maftūh
Wann beginnt die Führung?	مَتَى تَبْدَأُ الزِّيَارَةُ مَعَ دَلِيلٍ؟ matā tabda s-sijāra ma'a dalīl

Altstadt	al-madīna l-qadīma	الْمَدِينَةُ الْقَدِيمَةُ
Ausflug	nusha	نُزْهَةٌ
Ausgrabungen	hafrijāt aṭarīja	حَفْرِيَّاتٌ أَثَرِيَّةٌ
Ausstellung	ma'riḍ	مَعْرِضٌ
Beduinen	badu	بَدْوٌ

Besichtigung	sijāra	زِيَارَةٌ
Bild	sūra/lauha	صُورَةٌ/لَوْحَةٌ
Denkmal	nusub taḍkārī	نُصُبٌ تَذْكَارِيٌّ
Fischerhafen	mīnā sajjādīn	مِينَاءُ صَيَّادِينَ
Fremdenführer	dalīl sijāhī	دَلِيلٌ سِيَاحِيٌّ
Friedhof	maqbara	مَقْبَرَةٌ
Führung	sijāra ma'a dalīl	زِيَارَةٌ مَعَ دَلِيلٍ
Gebirge	dschibāl	جِبَالٌ
islamisch	islāmī	إِسْلَامِيٌّ
Kaiser	qaisar/imbarātür	قَيْصَرُ/إِمْبَرَاطُورٌ
Karawanserei	chān	خَانٌ
Kirche	kanīsa	كَنِيسَةٌ
König/in	malik/malika	مَلِكٌ/مَلِكَةٌ
Maler/in	rassām/rassāma	رَسَّامٌ/رَسَّامَةٌ
Markt	sūq	سُوقٌ
Moschee	dschāmi'/masdschid	جَامِعٌ/مَسْجِدٌ

Kleiderregel

Betreten Sie eine Moschee nur, wenn man es Ihnen auf höfliche Nachfrage hin gestattet. Beachten Sie unbedingt die Kleiderordnung (Männer nicht in kurzen Hosen, Frauen sollten Schultern und Beine bedeckt halten), und fotografieren Sie keinesfalls ohne Erlaubnis!

Muslim/in	muslim/muslima	مُسْلِمٌ /مُسْلِمَةٌ
Museum	mathaf	مَتْحَفٌ
Pyramide	haram	هَرَمٌ
Rathaus	dār il-baladïja	دَارُ الْبَلَدِيَّةِ
Religion	dīn	دِينٌ
restaurieren	rammama/dschaddada	رَمَّمَ/جَدَّدَ

Ruine	chirba	خِرْبَةٌ
See	bahr	بَحْرٌ
Sehenswürdigkeiten	ma'ālim	مَعَالِمُ
Stadtrundfahrt	dschaula fī l-madīna	جَوْلَةٌ فِي الْمَدِينَةِ
Turm	burdsch	بُرْجٌ

UNTERHALTUNG

بَارٌ/دِيسْكُو/نَادٍ لَيْلِيٌّ
bār / diskō / nādi lailī

Gibt es hier eine
gemütliche Kneipe?

هَلْ تُوجَدُ هُنَا حَانَةٌ مُرِيحَةٌ؟
hal tūdschad hunā hāna murīha

Wo werden Bauchtänze
aufgeführt?

أَيْنَ تُقَدَّمُ عُرُوضٌ لِرَقْصِ هَزِّ الْبَطْنِ؟
ain tuqaddam 'urūd li-raqs hass il-batn

Ein Bier, bitte.

بِيرَةً مِنْ فَضْلِكَ
bīra min fadlak (f-ik)

Diese Runde übernehme
ich.

هَذِهِ الْمَرَّةَ أَدْفَعُ أَنَا
hādihi l-marra adfa' anā

Wollen wir (noch einmal)
tanzen?

أَنَرْقُصُ (مَرَّةً ثَانِيَةً)؟
a-narqus (marra ṯānija)

Geschichtenerzähler

Insider
Tipp

I n manchen Altstadtkaffeehäusern findet man noch den
Hakawati (Geschichtenerzähler). Zumeist alte Männer lauschen nach
jahrhundertealter Tradition den Geschichten. Und während man im
Hintergrund das Blubbern der Wasserpfeifen hört, unterbricht der
Hakawati seine Geschichte immer genau da, wo es spannend wird.
Und wie es weitergeht, erfährt man erst am nächsten Abend.
Immer nach dem Abendgebet.

ausgehen	charadscha	خَرَجَ
Band	firqa mūsīqīja/bānd	فِرْقَةٌ مُوسِيقِيَّةٌ/بَانْدْ
Bar	bār	بَارٌ
Disko	diskō	دِيسْكُو
Folklore	folklōr	فُولْكْلُورْ
Kneipe	bār/hāna	بَارٌ/حَانَةٌ
Livemusik	mūsīqā hajja	مُوسِيقَى حَيَّةٌ
Nachtclub	nādi lailī	نَادٍ لَيْلِيٌّ
Show	'ard	عَرْضٌ
tanzen	raqasa	رَقَصَ
Tanzkapelle	firqat ir-raqs/ dschauqat ir-raqs	فِرْقَةُ الرَّقْصِ/جَوْقَةُ الرَّقْصِ
Türsteher	bawwāb	بَوَّابٌ

THEATER/KONZERT/ KINO

مَسْرَحٌ/حَفْلَةٌ مُوسِيقِيَّةٌ/سِينَمَا
masrah / hafla mūsīqīja / sīnamā

Haben Sie einen Veranstaltungskalender für diese Woche?

هَلْ عِنْدَكُمْ بَرْنَامَجٌ لِحَفَلَاتِ هَذَا الأُسْبُوع؟
hal 'indakum barnāmadsch li-hafalāt hāda l-usbū'

Wann beginnt die Vorstellung?

مَتَى تَبْتَدِئُ الْحَفْلَةُ؟
matā tabtadi l-hafla

Wo bekommt man Karten?

أَيْنَ تُبَاعُ التَّذَاكِرُ؟
ain tubā' it-tadākir

Bitte zwei Plätze zu ...

مِنْ فَضْلِكَ مَحَلَّيْنِ لِ ...
min fadlak (f-ik) mahallain li-...

Kann ich bitte ein Programm haben?

مِنْ فَضْلِكَ بَرْنَامَجًا
min fadlak (f-ik) barnāmadsch

Ballett	raqs ta'bīrī/bālē	رَقْصٌ تَعْبِيرِيٌّ/بَالِيه
Eintrittskarte	taḏkirat duchūl	تَذْكِرَةُ دُخُولٍ
Festival	mahradschān	مَهْرَجَانٌ
Film	film	فِلْمٌ
Kasse	schubbāk it-taḏākir	شُبَّاكُ التَّذَاكِرِ
Kino	sīnamā	سِينَمَا
Konzert	hafla mūsīqīja	حَفْلَةٌ مُوسِيقِيَّةٌ
Musical	masrahīja ghināīja chafīfa	مَسْرَحِيَّةٌ غِنَائِيَّةٌ خَفِيفَةٌ
Oper	ōberā/masrahīja ghināīja	أُوبِرَا/مَسْرَحِيَّةٌ غِنَائِيَّةٌ
Schauspiel	masrahīja	مَسْرَحِيَّةٌ
Theaterstück	masrahīja	مَسْرَحِيَّةٌ
Veranstaltungskalender	barnāmadsch il-hafalāt	بَرْنَامَجُ الْحَفَلَاتِ
Vorstellung	hafla/tamṯīl	حَفْلَةٌ/تَمْثِيلٌ
Vorverkauf	hadschs it-taḏākir	حَجْزُ التَّذَاكِرِ

Wie weit ist es zum Strand?

B aden und Wassersport ist im arabischen Raum eher Männerdomäne. Arabischen Frauen geziemt der Anstand vielerorts das Bad in der Öffentlichkeit nur in voller Bekleidung. Deshalb kann der Anblick eines modischen Bikinis zum Mittelpunkt des Interesses der lokalen Männerwelt werden, was durchaus als lästig empfunden werden kann. Dennoch ist es inzwischen ganz alltäglich am Strand zu liegen und zu baden – am Besten in Badegegenden, an dafür vorgesehenen Stränden oder in völliger Einsamkeit. FKK und „Oben ohne" sind ein absolutes Tabu.

IM SCHWIMMBAD / AM STRAND

فِي الْمَسْبَحِ / عَلَى شَاطِئِ الْبَحْرِ

fīl-masbah / 'alā schāti l-bahr

Gibt es hier ein ...	... هَلْ يُوجَدُ هُنَا
	hal jūdschad hunā
Freibad?	مَسْبَحٌ مَكْشُوفٌ؟
	masbah makschūf
Hallenbad?	مَسْبَحٌ مُغَطَّى؟
	masbah mughatta
Ist die Strömung stark?	هَلِ التَّيَّارُ قَوِيٌّ؟
	hal it-tajjār qawī
Ist es für Kinder gefährlich?	هَلْ هَذَا خَطِرٌ لِلْأَوْلَادِ؟
	hal hāḍa chatir li-l-aulād
Wann ist Ebbe/Flut?	مَتَى يَكُونُ الْجَزْرُ/الْمَدُّ؟
	matā jakūn il-dschasr/il-madd
Ich möchte ... mieten.	... أُرِيدُ أَنْ أَسْتَأْجِرَ
	urīd an astadschir
ein Boot	قَارِبًا
	qārib
ein Paar Wasserski	خَشَبَتَيْ تَزَحْلُقٍ عَلَى الْمَاءِ
	chaschabatai tasahluq 'alā l-mā
Was kostet es pro Stunde/Tag?	مَاذَا يُكَلِّفُ بِالسَّاعَةِ/بِالنَّهَارِ؟
	māḍā jukallif bi-s-sā'a/bi-n-nahār

SPORT

al-al'āb ir-rijādīja

اَلْأَلْعَابُ الرِّيَاضِيَّةُ

Welche Sportmöglichkeiten gibt es hier?	أَيُّ الْأَلْعَابِ الرِّيَاضِيَّةِ يُمْكِنُ أَنْ يَلْعَبَ الْمَرْءُ هُنَا؟
	ajj l-al'āb ir-rijādīja jumkin an jal'ab il-mar hunā
Gibt es hier ...	... هَلْ يُوجَدُ هُنَا
	hal jūdschad hunā
einen Golfplatz?	مَلْعَبُ غُولْفْ؟
	mal'ab golf
einen Tennisplatz?	مَلْعَبُ تِنِسْ؟
	mal'ab tinis
Wo kann ich ... ausleihen?	... أَيْنَ يُمْكِنُ أَنْ أَسْتَأْجِرَ ؟
	ain jumkin an astadschir ...

Ich möchte einen ...kurs machen.	urīd an a'mal daura fī ...	أُرِيدُ أَنْ أَعْمَلَ دَوْرَةً فِي ...
Kann ich mitspielen?	hal jumkin an uschārik fi-l-la'b	هَلْ يُمْكِنُ أَنْ أُشَارِكَ فِي اللَّعِبِ؟

Ball	kura	كُرَةٌ
Basketball	kurat is-salla	كُرَةُ السَّلَّةِ
Bergsteigen	tasalluq il-dschibāl	تَسَلُّقُ الْجِبَالِ
Bootsverleih	tadschīr il-qawārib	تَأْجِيرُ الْقَوَارِبِ
Dusche	düsch/miraschscha	دُوشٌ/مِرَشَّةٌ
Eintrittskarte	taḍkirat id-duchūl	تَذْكِرَةُ الدُّخُولِ
Ergebnis	natīdscha	نَتِيجَةٌ
Fußball	kurat il-qadam	كُرَةُ الْقَدَمِ
~mannschaft	farīq kurat il-qadam	فَرِيقُ كُرَةِ الْقَدَمِ
~platz	mal'ab kurat il-qadam	مَلْعَبُ كُرَةِ الْقَدَمِ
~spiel	mubāra fī kurat il-qadam	مُبَارَاةٌ فِي كُرَةِ الْقَدَمِ
gewinnen	rabiha	رَبِحَ
Golf	golf	غُولْفٌ
~schläger	midrab golf	مِضْرَبُ غُولْفٌ
Handball	kurat il-jad	كُرَةُ الْيَدِ
Hochseefischen	said is-samak fī l-bahr	صَيْدُ السَّمَكِ فِي الْبَحْرِ
Kasse	schubbāk it-taḍākir	شُبَّاكُ التَّذَاكِرِ
Kurs	daura	دَوْرَةٌ
Leichtathletik	al'āb il-quwā	أَلْعَابُ الْقُوَى
Luftmatratze	firāsch junfach	فِرَاشٌ يُنْفَخُ
Mannschaft	farīq	فَرِيقٌ
Motorboot	qārib bi-muharrik	قَارِبٌ بِمُحَرِّكٍ
Nichtschwimmer	lā ja'rif is-sibāha	لَا يَعْرِفُ السِّبَاحَةَ
Rad fahren	rakiba darrādscha hawāīja	رَكِبَ دَرَّاجَةً هَوَائِيَّةً
reiten	rakiba dschawād	رَكِبَ جَوَادًا
Rennen	sibāq	سِبَاقٌ

Ruderboot	qārib it-tadschdīf	قَارِبُ التَّجْذِيفِ
Rudern	dschaḍḍafa	جَذَّفَ
Sand	raml	رَمْلٌ
Schiedsrichter	hakam	حَكَمٌ
Schnorchel	unbūb it-tanaffus	أُنْبُوبُ التَّنَفُّسِ
Schwimmbad	masbah	مَسْبَحٌ
schwimmen	sabaha	سَبَحَ
Schwimmer/in	sābih/sābiha	سَابِحٌ/سَابِحَةٌ
Schwimm|flossen	sa'ānif is-sibāha	زَعَانِفُ السِّبَاحَةِ
~ring	tauq is-sibāha	طَوْقُ السِّبَاحَةِ
Segelboot	sauraq schirā'ī	زَوْرَقٌ شِرَاعِيٌّ
segeln	abhara bi-sauraq schirā'ī	أَبْحَرَ بِزَوْرَقٍ شِرَاعِيٍّ
Sonnenschirm	miḍalla/schamsīja	مِظَلَّةٌ/شَمْسِيَّةٌ
Spiel	mubārā	مُبَارَاةٌ
Sportler/in	rijāḍī/rijāḍīja	رِيَاضِيٌّ/رِيَاضِيَّةٌ
Start	intilāq/bidāja	اِنْطِلَاقٌ/بِدَايَةٌ
Surfbrett	lauh it-tazahluq 'alā l-mā bi-schirā'	لَوْحُ التَّزَحْلُقِ عَلَى الْمَاءِ بِشِرَاعٍ
Surfen	at-tasahluq 'alā l-mā bi-schirā'	اَلتَّزَحْلُقِ عَلَى الْمَاءِ بِشِرَاعٍ
tauchen	ghatasa	غَطَسَ
Taucher|ausrüstung	'uddat il-ghattās	عُدَّةُ الْغَطَّاسِ
~brille	naḍḍarat il-ghattās	نَظَّارَةُ الْغَطَّاسِ
Tennis	tinis	تِنِسْ
~schläger	midrab it-tinis	مِضْرَبُ التِّنِسْ
Tischtennis	kurat it-tāwila	كُرَةُ الطَّاوِلَةِ
Tor	hadaf	هَدَفٌ
~wart	hāris il-marma	حَارِسُ الْمَرْمَى
Volleyball	al-kura t-tāira	اَلْكُرَةُ الطَّائِرَةُ
wandern	tadschauwala	تَجَوَّلَ
Wettkampf	mubārā/munāfasa	مُبَارَاةٌ/مُنَافَسَةٌ
Windschirm	hādschib ir-rīh	حَاجِبُ الرِّيحِ

Für die Kleinsten das Größte

Araber sind ausgesprochene „Kinder-
narren". Kinder sind ihnen sehr wichtig und immer und überall dabei. Nicht
selten trifft man noch um Mitternacht
Familien mit Kindern in Restaurants und
Cafés. Hier wie dort sind Kinder immer ein
guter Einstieg, um ins Gespräch zu kommen. Also keine Sorge, wenn der oder die
Kleine sich lautstark bemerkbar macht:
das ist hier ganz normal. Und bloß keine
Sorgen machen, wohin mit den Kindern
am Abend: einfach mitnehmen! Wer
keine Kinder hat, der wird schon mal
aus tiefstem Herzen bemitleidet.

Von Kind zu Kind

Wie heißt du?	mā ismak (ƒismik)	مَا اسْمُكَ؟
Ich heiße ...	ismī...	إِسْمِي...
Woher kommst du?	min ajn anta (ƒanti)	مِنْ أَيْنَ أَنْتَ؟
Ich komme aus ...	anā min ...	أَنَا مِنْ ...
Willst du mit mir spielen?	hal turīd (ƒturīdīn) an tal'ab (ƒtal'abīn) ma'ī	هَلْ تُرِيدُ أَنْ تَلْعَبَ مَعِي؟

| Wo kann ich stillen? | | أَيْنَ يُمْكِنُنِي أَنْ أُرْضِعَ؟ |
| | | ain jumkinunī an urdi' |

| Bitte bringen Sie noch einen Kinderstuhl. | | هَاتِ كُرْسِيًّا آخَرَ لِلْأَطْفَالِ، مِنْ فَضْلِكَ. |
| | | hāt (ƒ-ī) kursī āchar li-l-atfāl, min fadlak (ƒ-ik) |

Babysitter	hādina	حَاضِنَةٌ
Kinderbetreuung	ri'ājat il-atfāl	رِعَايَةُ الْأَطْفَالِ
Kinderermäßigung	tachfīd li-l-atfāl	تَخْفِيضٌ لِلْأَطْفَالِ
Kindernahrung	aghḍijat il-atfāl	أَغْذِيَةُ الْأَطْفَالِ
Planschbecken	haud istiḥmām li-l-atfāl	حَوْضُ اسْتِحْمَامٍ لِلْأَطْفَالِ
Schnuller	massāsa	مَصَّاصَةٌ
Schwimmflügel	dschanāḥ is-sibāḥa	جَنَاحُ السِّبَاحَةِ
Schwimmring	tauq is-sibāḥa	طَوْقُ السِّبَاحَةِ
Spielplatz	mal'ab	مَلْعَبٌ

Wau!

Hund	Au Au
Katze	Miau
Schaf	Mäh
Hahn	kukuku
Huhn	bak bak bakik
Rabe	waak waak
Biene	wizzzzz

Strand
شَاطِئٌ
schāti

Burg
قَلْعَةٌ
qal'at

Umziehkabine
حُجْرَةُ تَبْدِيلِ الْمَلَابِسِ
hudschrat tabdīl l-malābis

Sonnenschirm
مِظَلَّةٌ
midalla

Eiskrem
جِيلَاتِي
dschilāti

Bademeister
مُرَاقِبُ الْمَسْبَحِ
murāqib al-masbah

Schaufel
مِجْرَفَةٌ
midschrafa

Segelboot
زَوْرَقٌ شِرَاعِيٌّ
sauraq schirā'ī

Handtuch
فُوطَةٌ
fūta

Floß
رَمَثٌ
ramat

Ball
كُرَةٌ
kura

Wasser
مَاءٌ
mā

Bilder
zum Zeigen

Kinder-
sachen

Behinderte auf Reisen
Bahn frei!

Gastfreundschaft, Hilfsbereitschaft und Spontanität machen die noch völlig fehlende Infrastruktur für Rolli-Fahrer teilweise wett. Leider wurde außer in den großen Hotels der Badegebiete Ägyptens und Tunesiens noch nicht viel getan, um auch behinderten Menschen das Reisen einfach zu gestalten. Grundsätzlich gehen die Menschen in arabischen Ländern jedoch sehr unkompliziert mit Behinderten um. Und wo eine Rampe fehlt, da sind eben zahlreiche helfende Hände.

Ich bin …		إِنِّي . . .
		innij...
körperbehindert.		مُعَاقٌ جَسَدِيًّا.
		mu'āqun ǧasadijjān.
sehbehindert.		مُعَاقٌ بَصَرِيًّا.
		mu'āqun basarijjān.
Ich habe …		إِنِّي أُعَانِي مِنْ . . .
		innij u'ānī min...
eine Gehbehinderung.		إِعَاقَةٍ عَنِ الْمَشْيِ.
		i'āqatin 'ani al-mašji.
Multiple Sklerose.		تَصَلُّبِ الْأَنْسِجَةِ الْمُضَاعَفِ.
		tasallubi l-ansiǧati al-mudā'afi.

Auffahrtrampe *(für Rollstuhlfahrer)*	mamarr māil li-l-duchūl	مَمَرٌّ مَائِلٌ لِلدُّخُولِ
behindertengerecht	munāsib li-l-mu'āqīn / sālih li-l-mu'āqīn	مُنَاسِبٌ لِلْمُعَاقِينَ / صَالِحٌ لِلْمُعَاقِينَ
Behindertentoilette	mirhād li-l-mu'āqīn	مِرْحَاضٌ لِلْمُعَاقِينَ
Blinde/r	makfūfat / makfūf	مَكْفُوفَةٌ / مَكْفُوفٌ
Epilepsie	sara' / surā'	صَرَعٌ / صُرَاعٌ
Gehbehinderte/r	mu'āqat 'an al-mašji / mu'āq 'an al-mašji	مُعَاقَةٌ عَنِ الْمَشْيِ / مُعَاقٌ عَنِ الْمَشْيِ
geistig behindert	mu'āq 'aqlijjān / mu'āq ḏihnijjān	مُعَاقٌ عَقْلِيًّا / مُعَاقٌ ذِهْنِيًّا
Hörbehinderte/r	mu'āqa sam'ijjān / mu'āq sam'ijjān	مُعَاقَةٌ سَمْعِيًّا / مُعَاقٌ سَمْعِيًّا
Körperbehinderung	i'āqa ǧasadija / 'āha ǧasadija	إِعَاقَةٌ جَسَدِيَّةٌ / عَاهَةٌ جَسَدِيَّةٌ
querschnittsgelähmt	kasīh / mašlūl an-nisf as-suflī	كَسِيحٌ / مَشْلُولُ النَّصْفِ السُّفْلِي
Rampe	mamarr māil	مَمَرٌّ مَائِلٌ
Rollstuhl	kursij mutaharrik	كُرْسِيٌّ مُتَحَرِّكٌ
Rollstuhlfahrer/in	sāhibat al-kursij al-mutaharrik / sāhib al-kursij al-mutaharrik 'asā l-a'mā	صَاحِبَةُ الْكُرْسِي الْمُتَحَرِّكِ / صَاحِبُ الْكُرْسِي الْمُتَحَرِّكِ

Praktische Hinweise

Banken, Post- und Passämter schließen meist gegen Mittag. Besonders im Fastenmonat Ramadan sind die Öffnungszeiten von Ämtern kaum noch zeitlich festzulegen. Man sollte Ämterangelegenheiten also immer früh morgens erledigen. Und was man öfter hören wird ist "bukra" (morgen), wobei die wirkliche Dauer von „morgen" nicht näher definiert werden kann. Locker kann daraus eine ganze Woche werden.

Krank in Arabien?

Die deutsche Botschaft gibt Auskunft über gute und Deutsch sprechende Ärzte.

ARZT	ṭabīb	طَبِيبٌ

Arztbesuch

زِيَارَةُ الطَّبِيبِ
sijārat it-ṭabīb

Können Sie mir einen
guten ... empfehlen?

هَلْ تَسْتَطِيعُ أَنْ تُشِيرَ عَلَيَّ ...
hal tastaṭī' (ƒtastaṭī'īn) an tuschīr (ƒtuschīrīn) 'alaja ...

Arzt

بِطَبِيبٍ
bi-ṭabīb

Augenarzt

بِطَبِيبِ عُيُونٍ
bi-ṭabīb 'ujūn

Frauenarzt

بِطَبِيبٍ لِأَمْرَاضِ النِّسَاءِ
bi-ṭabīb li-amrāḍ in-nisā

Hals-Nasen-Ohren-Arzt

بِطَبِيبِ أَنْفٍ وَأُذُنٍ وَحَنْجَرَةٍ
bi-ṭabīb anf wa uḍun wa handschara

Hautarzt

بِطَبِيبِ أَمْرَاضٍ جِلْدِيَّةٍ
bi-ṭabīb amrāḍ dschildīja

Kinderarzt

بِطَبِيبِ أَطْفَالٍ
bi-ṭabīb atfāl

Neurologen

بِطَبِيبِ أَعْصَابٍ
bi-ṭabīb a'ṣāb

Praktischen Arzt

بِطَبِيبٍ عَامٍّ
bi-ṭabīb 'āmm

Urologen

بِطَبِيبِ أَمْرَاضٍ بَوْلِيَّةٍ
bi-ṭabīb amrāḍ baulīja

Zahnarzt

بِطَبِيبِ أَسْنَانٍ
bi-ṭabīb asnān

Wo ist seine Praxis?

أَيْنَ عِيَادَتُهُ؟
ain 'ijādathu

Was für Beschwerden
haben Sie?

مَاذَا يُؤْلِمُكَ / مَاذَا يُوجِعُكَ
māḍā julimak (ƒ-ik) / māḍā jūdschi'ak (ƒ-ik)

Ich habe Fieber.	لَدَيَّ حُمَّى/لَدَيَّ ارْتِفَاعٌ فِي دَرَجَةِ الْحَرَارَةِ ladajja hummā/ladajja irtifā' fī daradschat il-harāra
Mir ist oft schlecht/ schwindelig.	نَفْسِي تَغْثَى كَثِيرًا/يُصِيبُنِي دُوَارٌ كَثِيرًا nafsī taghtā katīr/jusībnī duwār katīr
Ich bin stark erkältet.	إِنِّي مُصَابٌ بِزُكَامٍ شَدِيدٍ innī musāb (f musāba) bi-sukām schadīd
Ich habe Kopfschmerzen.	رَأْسِي يُوْلِمُنِي rasī julimnī
Ich bin gestochen worden.	لُسِعْتُ lusi'tu
Ich bin gebissen worden.	عَضَّنِي كَلْبٌ/لُدِغْتُ 'addanī kalb (Hund)/ludightu (Schlange)
Ich habe Durchfall/ Verstopfung.	إِنِّي مُصَابٌ بِإِسْهَالٍ/بِإِمْسَاكٍ innī musāb (f musāba) bi-ishāl/bi-imsāk
Wo tut es weh?	أَيْنَ تَتَأَلَّمُ؟ ain tataallam
Ich habe hier Schmerzen.	أَشْعُرُ بِآلَامٍ هُنَا asch'ur bi-ālām hunā
Ich bin Diabetiker/in.	أَنَا مُصَابٌ بِالسُّكَّرِيِّ/أَنَا مُصَابَةٌ بِالسُّكَّرِيِّ anā musāb bi-s-sukkarī/anā musāba bi-s-sukkarī
Ich bin schwanger.	أَنَا حَامِلٌ anā hāmil
Können Sie mir bitte etwas gegen ... geben?	هَلْ مِنَ الْمُمْكِنِ أَنْ تُعْطِيَنِي دَوَاءً ضِدَّ... hal min il-mumkin an tu'tīnī dawā didd...

Beim Zahnarzt
عِنْدَ طَبِيبِ الْأَسْنَانِ
 'ind tabīb il-asnān

Ich habe (starke) Zahnschmerzen.	أَسْنَانِي تُؤْلِمُنِي (جِدًّا) asnānī tulimnī (dschiddan)
Geben Sie mir bitte eine Spritze.	أَعْطِنِي إِبْرَةً مِنْ فَضْلِكَ a'tinī (fa'tīnī) ibra min fadlak (f-ik)
Geben Sie mir bitte keine Spritze.	لَا تُعْطِنِي إِبْرَةً مِنْ فَضْلِكَ lā tu'tinī (ftu'tīnī) ibra min fadlak (f-ik)

Im Krankenhaus	fī l-mustaschfā	فِي الْمُسْتَشْفَى
Wie lange muss ich hier bleiben?	kam min il-waqt jadschib an abqā huna	كَمْ مِنَ الْوَقْتِ يَجِبُ أَنْ أَبْقَى هُنَا؟

Aids	īds	إِيدْزْ
Allergie	marad il-hasāsīja	مَرَضُ الْحَسَاسِيَّةِ
ansteckend	mu'd	مُعْدٍ
Arm	ḏirā'	ذِرَاعٌ
Asthma	rabu	رَبْوٌ
Atembeschwerden	idtirāb tanaffus/ dīq nafas	اِضْطِرَابُ تَنَفُّسٍ / ضِيقُ نَفَسٍ
atmen	tanaffasa	تَنَفَّسَ
Auge	'ain	عَيْنٌ
Ausschlag	tafh dschildī	طَفْحٌ جِلْدِيٌّ
Bauch	batn	بَطْنٌ
Bein	sāq/ridschl	سَاقٌ/رِجْلٌ
bewusstlos	fāqid il-wa'ī/ mughmā 'alaihi	فَاقِدُ الْوَعْيِ/مُغْمًى عَلَيْهِ
Blase	maṯāna	مَثَانَةٌ
Blinddarm	sāida dūdīja	زَائِدَةٌ دُودِيَّةٌ
bluten	nasafa damhu/sāla damhu	نَزَفَ دَمُهُ/سَالَ دَمُهُ
Blut	dam	دَمٌّ
~vergiftung	tasammum id-dam	تَسَمُّمُ الدَّمِ
Bruch	kasr	كَسْرٌ
Brust	sadr	صَدْرٌ
Darm	ma'ī/am'ā	مَعْيٌ / أَمْعَاءٌ
Diabetes	marad is-sukkarī	مَرَضُ السُّكَّرِيِّ
Durchfall	ishāl	إِسْهَالٌ
Entzündung	iltihāb	اِلْتِهَابٌ
erbrechen, sich	qāa/taqajja	قَاءَ/تَقَيَّأَ
erkälten, sich	usība bi-bard/ usība bi-sukām	أُصِيبَ بِبَرْدٍ/ أُصِيبَ بِزُكَامٍ

Fehlgeburt	isqāt/tarh	إِسْقَاطٌ/طَرْحٌ
Fieber	hummā	حُمَّى
Finger	isba'	إِصْبَعٌ
Fuß	ridschl/qadam	رِجْلٌ/قَدَمٌ
Gallenblase	al-marāra	اَلْمَرَارَةُ
gebrochen	munkasir/maksūr	مُنْكَسِرٌ/مَكْسُورٌ
Gehirn	dimāgh	دِمَاغٌ
~erschütterung	irtidschādsch id-dimāgh	اِرْتِجَاجُ الدِّمَاغِ
~schlag	sakta dimāghīja/ dā n-nuqta	سَكْتَةٌ دِمَاغِيَّةٌ/ دَاءُ النُّقْطَةِ
Geschlechtskrankheit	marad tanāsulī	مَرَضٌ تَنَاسُلِيٌّ
geschwollen	mutawarrim/muntafich	مُتَوَرِّمٌ/مُنْتَفِخٌ
Geschwür	qarha/dummal	قَرْحَةٌ/دُمَّلٌ
Gesicht	wadschh	وَجْهٌ
Grippe	unfluwansā	أُنْفْلُوَنْزَا
Hals	'unuq/raqaba	عُنُقٌ/رَقَبَةٌ
Hand	jad	يَدٌ
Haut	dschild	جِلْدٌ
Herz	qalb	قَلْبٌ
~anfall	nauba qalbīja	نَوْبَةٌ قَلْبِيَّةٌ
~beschwerden	idtirābāt fī l-qalb	اِضْطِرَابَاتٌ فِي الْقَلْبِ
~fehler	marad fī l-qalb	مَرَضٌ فِي الْقَلْبِ
~infarkt	insidād au'ijat il-qalb	اِنْسِدَادُ أَوْعِيَةِ الْقَلْبِ
~schrittmacher	battārijat il-qalb	بَطَّارِيَّةُ الْقَلْبِ
Hüfte	wirk	وِرْكٌ
Husten	su'āl	سُعَالٌ
Impfung	tat'īm	تَطْعِيمٌ
Infektion	'adwā	عَدْوَى
Ischias	'irq in-nasā	عِرْقُ النَّسَا

Kinderlähmung	schalal atfāl	شَلَلُ أَطْفَالٍ
Knie	rukba	رُكْبَةٌ
Knöchel	kāhil/ka'b	كَاحِلٌ/كَعْبٌ
Knochen	'aḍm	عَظْمٌ
~bruch	kasr il-'aḍm	كَسْرُ الْعَظْمِ
Kopf	ras	رَأْسٌ
~schmerzen	wadscha' ir-ras/sudā'	وَجَعُ الرَّأْسِ/صُدَاعٌ
Krampf	taqallus/taschannudsch	تَقَلُّصٌ/تَشَنُّجٌ
krank	marīd	مَرِيضٌ
Krankenhaus	mustaschfā	مُسْتَشْفَى
Krankheit	marad	مَرَضٌ
Krebs	saratān	سَرَطَانٌ
Lähmung	schalal	شَلَلٌ
Lebensmittelvergiftung	tassammum ghiḍāī	تَسَمُّمٌ غِذَائِيٌّ
Leber	kabid	كَبِدٌ
Lunge	ria	رِئَةٌ
Magen	ma'ida/mi'da	مَعِدَةٌ/مِعْدَةٌ
~schmerzen	wadscha' il-mi'da	وَجَعُ الْمِعْدَةِ
Menstruation	haid	حَيْضٌ
Migräne	sudā'/schaqīqa	صُدَاعٌ/شَقِيقَةٌ
Mittelohrentzündung	iltihāb il-uḍun il-wustā	إِلْتِهَابُ الأُذُنِ الْوُسْطَى
Mumps	nukāf	نُكَافٌ
Mund	fam	فَمٌ
Narkose	bandsch/tachdīr	بَنْجٌ/تَخْدِيرٌ
Nase	anf	أَنْفٌ
Nerv	'asab	عَصَبٌ
Nierenentzündung	iltihāb kulwī	إِلْتِهَابٌ كُلْوِيٌّ
Ohnmacht	ighmā/ghaschajān	إِغْمَاءٌ/غَشَيَانٌ

Ohr	uḏun	أُذُنٌ
Operation	'amalīja dschirāhīja	عَمَلِيَّةٌ جِرَاحِيَّةٌ
Plombe	haschu s-sinn	حَشْوُ السِّنِّ
Pocken	dschudarī	جُدَرِيٌّ
Praxis	'ijāda	عِيَادَةٌ
Prellung	sadma	صَدْمَةٌ
Prothese *(Zahn)*	taqm asnān istinā'ī	طَقْمُ أَسْنَانٍ اِصْطِنَاعِيٌّ
Quetschung	radd	رَضٌّ
Rheuma	rūmātism/dā l-mafāsil	رُومَاتِزْمْ/دَاءُ الْمَفَاصِلِ
Rippe	dil'	ضِلْعٌ
röntgen	sauwara bi-l-aschi'a	صَوَّرَ بِالأَشِعَّةِ
Röteln	hasba almānīja/ humairā	حَصْبَةٌ أَلْمَانِيَّةٌ / حُمَيْرَاءُ
Rücken	ḍahr	ظَهْرٌ
~schmerzen	wadscha' iḍ-ḍahr	وَجَعُ الظَّهْرِ
Salmonellen	salmūnījāt	سَلْمُونِيَّاتٌ
Scharlach	hummā qirmisīja	حُمَّى قِرْمِزِيَّةٌ
Schlaflosigkeit	araq	أَرَقٌ
Schlaganfall	sakta dimāghīja	سَكْتَةٌ دِمَاغِيَّةٌ
Schmerzen	alam/wadscha'	أَلَمٌ/وَجَعٌ
Schnittwunde	dschurh qat'ī	جُرْحٌ قَطْعِيٌّ
Schnupfen	sukām/raschh	زُكَامٌ/رَشْحٌ
Schulter	katif	كَتِفٌ
Schüttelfrost	quscha'rīra/ra'scha	قُشَعْرِيرَةٌ/رَعْشَةٌ
Schwangerschaft	habal/haml	حَبَلٌ/حَمْلٌ
Schwindel	duwār/daucha	دُوَارٌ/دَوْخَةٌ
Sonnenstich	darbat schams/ saf'at schams	ضَرْبَةُ شَمْسٍ/سَفْعَةُ شَمْسٍ
Speiseröhre	marī	مَرِيءٌ

Spritze	huqna/ibra	حُقْنَةٌ/إِبْرَةٌ
Stich	laḍ'a/las'a	لَذْعَةٌ/لَسْعَةٌ
Stirnhöhlenentzündung	iltihāb il-dschujūb il-anfija	اِلْتِهَابُ الْجُيُوبِ الأَنْفِيَّةِ
Tetanus	kusās	كُزَازٌ
Typhus	hummā tīfūdīja/tīfūs	حُمَّى تِيفُودِيَّةٌ/تِيفُوس
Übelkeit	ghaṭajān	غَثَيَانٌ
Unterleib	al-batn	اَلْبَطْنُ
Urin	baul	بَوْلٌ
Verband	dimāda/ribāt	ضِمَادَةٌ/رِبَاطٌ
Verbrennung	harq	حَرْقٌ
Verdauungsstörung	sū l-hadm	سُوءُ الْهَضْمِ
Vergiftung	tasammum	تَسَمُّمٌ
Verletzung	dschurh	جُرْحٌ
verstaucht	madschsū'/mafqūsch	مَجْزُوعٌ/مَفْقُوشٌ
Virus	fīrūs	فِيْرُوس
Windpocken	dschudarī l-mā	جُدَرِيُّ الْمَاءِ
Wunde	dschurh	جُرْحٌ
Zahn	sinn	سِنٌّ
Zehe	isba' l-qadam	إِصْبَعُ الْقَدَمِ
Zerrung	schadd il-watar	شَدُّ الْوَتَرِ
ziehen *(Zahn)*	chala'a/qala'a	خَلَعَ/قَلَعَ
Zunge	lisān	لِسَانٌ

BANK / GELDWECHSEL	مَصْرِفٌ (بَنْكٌ) / صَرْفٌ
	masrif (bank) / sarf

Wo ist hier bitte eine Bank?	أَيْنَ يُوْجَدُ هُنَا مَصْرِفٌ مِنْ فَضْلِكَ؟
	ain jūdschad hunā masrif min fadlak (f-ik)

Wo ist hier bitte eine Wechselstube?	أَيْنَ يُوْجَدُ هُنَا مَكْتَبُ صِرَافَةٍ مِنْ فَضْلِكَ؟
	ain jūdschad hunā maktab sirāfa min fadlak (f-ik)

Ich möchte ...	أُرِيدُ أَنْ أُحَوِّلَ ...
	urīd an uhauwil

... Euro	يُورُو ...
	... jūrū

... Schweizer Franken	... مِنَ الفْرَانْكْ السِّويْسْرِيِّ
	... min il-fränk is-swīsrī

in ... wechseln.	إلَى ...
	ilā ...

auszahlen	dafa'a	دَفَعَ
Bank	masrif/bank	مَصْرِفٌ/بَنْكٌ
Betrag	mablagh	مَبْلَغٌ
Euro	jūrū	يُورُو
Formular	istimāra	إسْتِمَارَةٌ
Geheimzahl	raqm sirrī	رَقْمٌ سِرِّيٌّ
Geld	naqd	نَقْدٌ
~automat	ālat daf' in·naqd	آلَةُ دَفْعِ النَّقْدِ
~wechsel	sarf	صَرْفٌ
Kasse	sandūq it·taufīr	صَنْدُوقُ التَّوْفِيرِ
Kreditkarte	bitāqat il·istilāf	بِطَاقَةُ الإسْتِلَافِ
Reisescheck	schīk sijāhī	شِيكٌ سِيَاحِيٌّ
Schalter	schubbāk	شُبَّاكٌ
Scheck	schīk	شِيكٌ
~karte	bitāqat isch·schīkāt	بِطَاقَةُ الشِّيكَاتِ
Schweizer Franken	frank swīsrī	فْرَنْكٌ سِويسْرِيٌّ
umtauschen	baddala/sarrafa	بَدَّلَ/صَرَّفَ
Unterschrift	tauqī'/imdā	تَوْقِيعٌ/إمْضَاءٌ
Währung	'umla	عُمْلَةٌ
Wechselstube	maktab sirāfa	مَكْتَبُ صِرَافَةٍ

FUNDBÜRO	مُسْتَوْدَعُ الأَشْياءِ الْمَفْقُودَةِ
	mustauda' il-aschjā l-mafqūda

Ich habe ... verloren.	أَضَعْتُ ...
	ada'tu ...

Hier ist meine Hotelanschrift/ Heimatadresse.	هَذَا عُنْوَانِي فِي الْفُنْدُقِ/بَلَدِي
	hādā 'unwānī fī l-funduq/baladī

NAHVERKEHRSMITTEL	وَسَائِلُ الْمُواصَلاتِ الْمَحَلِّيَّةِ
	wasāil il-muwāsalāt il-maḥallīja

Welche Linie fährt nach ...?	أَيُّ خَطٍ يُسَافِرُ إِلَى ...؟
	ajj chat jusāfir ilā ...

Wann/Wo fährt der Bus ab?	مَتَى/مِنْ أَيْنَ يَنْطَلِقُ الأُوتُوبِيسُ؟
	matā/min ain janṭaliq il-ūtūbīs

Wo muss ich aussteigen/ umsteigen?	أَيْنَ يَجِبُ أَنْ أَنْزِلَ/أُغَيِّرَ؟
	ain jadschib an ansil/ughajjir

Bitte, einen Fahrschein nach ...	مِنْ فَضْلِكَ، تَذْكِرَةً إِلَى ...
	min fadlak (f-ik), taḏkira ilā ...

Abfahrt	intilāq	إِنْطِلاقٌ
aussteigen	nasala	نَزَلَ
Bus	ūtūbīs/bās *(syr.)*	أُوتُوبِيسٌ/باصٌّ
einsteigen	rakiba/sa'ada	رَكِبَ/صَعَدَ
Endstation	al-maḥaṭṭa l-achīra	اَلْمَحَطَّةُ الأَخِيرَةُ
Fahr|er	sāiq (m) / sāiqa (f)	سَائِقٌ / سَائِقَةٌ
~preis	ṭaman it-taḏkira/al-udschra	ثَمَنُ التَّذْكِرَةِ/اَلأُجْرَةُ
~schein	taḏkira	تَذْكِرَةٌ
Haltestelle	mauqif/maḥaṭṭa	مَوْقِفٌ/مَحَطَّةٌ
Straße	schāri'	شَارِعٌ
Straßenbahn	trām/trāmwāi *(syr.)*	تُرَامٌ/تْرَامْوَايْ
U-Bahn	metrō	مِتْرُو

| POLIZEI | schurta/būlīs | شُرْطَةٌ/بُولِيسْ |

Wo ist bitte das nächste
Polizeirevier?

أَيْنَ أَقْرَبُ قِسْمٍ لِلشُّرْطَةِ؟

ain aqrab qism li-sch-schurta

Ich möchte einen
Diebstahl/Verlust/
Unfall anzeigen.

أُرِيدُ أَنْ أُبْلِغَ عَنْ سَرِقَةٍ/ضَيَاعٍ/حَادِثٍ

urīd an ubligh 'an sariqa/dajā'/ḥādiṯ

Mir ist ... gestohlen
worden.

سُرِقَتْ ...

suriqat ...

   die Handtasche

حَقِيبَةُ يَدِي

haqībat jadī

   die Brieftasche

مِحْفَظَتِي

miḥfaḍatī

   mein Fotoapparat

آلَتِي لِلتَّصْوِيرِ

ālatī li-t-taswīr

Mein Auto ist
aufgebrochen worden.

فُتِحَتْ سَيَّارَتِي بِالْقُوَّةِ

futiḥat sajjāratī bi-l-quwwa

Mein Sohn/Meine
Tochter ist seit ...
verschwunden.

اِبْنِي ضَائِعٌ مُنْذُ ...

ibnī *(Sohn)* ḍāi' munḏu ...

اِبْنَتِي ضَائِعَةٌ مُنْذُ ...

ibnatī *(Tochter)* ḍāi'a munḏu ...

Können Sie mir bitte
helfen?

هَلْ تَسْتَطِيعُ مُسَاعَدَتِي مِنْ فَضْلِكَ؟

hal tastaṭī' (f tastaṭī'īn) musā'adatī min faḍlak (f-ik)

anzeigen	ballagha sch-schurta ('an)/schakā	بَلَّغَ الشُّرْطَةَ (عَنْ)/شَكَا
aufbrechen	kasara/fataha bi-l-quwwa	كَسَرَ/فَتَحَ بِالْقُوَّةِ
belästigen	'ākasa/dājaqa	عَاكَسَ/ضَايَقَ
Brieftasche	miḥfaḍa	مِحْفَظَةٌ
Diebstahl	sirqa	سِرْقَةٌ
Gefängnis	sidschn	سِجْنٌ
Geld	māl	مَالٌ
Geldbörse	kīs in-nuqūd	كِيسُ النُّقُودِ
Gericht	mahkama	مَحْكَمَةٌ

Papiere	ruchsat is-sajjāra wa s-sāiq	رُخْصَةُ السَّيَّارَةِ وَالسَّائِقِ
Polizei	schurta/būlīs	شُرْطَةٌ/بُولِيسٌ
Rauschgift	muchaddir	مُخَدِّرٌ
Rechtsanwalt/anwältin	muhāmi/muhāmija	مُحَامٍ/مُحَامِيَةٌ
Reisepass	dschawās safar	جَوَازُ سَفَرٍ
Richter/in	qādi/qādija	قَاضٍ/قَاضِيَةٌ
Überfall	i'tidā 'alā / satu	إِعْتِدَاءٌ عَلَى/سَطْوٌ
Vergewaltigung	ightisāb	إِغْتِصَابٌ
verlieren	faqada/adā'a	فَقَدَ/أَضَاعَ
zusammenschlagen	daraba/kassara	ضَرَبَ/كَسَّرَ

POST	maktab barīd	مَكْتَبُ بَرِيدٍ

Wo ist das nächste Postamt/
der nächste Briefkasten?

أَيْنَ أَقْرَبُ مَكْتَبٍ/صَنْدُوقِ بَرِيدٍ؟
ain aqrab maktab/sandūq barīd

Diesen Brief bitte per ...

(أُرِيدُ أَنْ أُرْسِلَ) هَذِهِ الرِّسَالَةَ

مِنْ فَضْلِكَ ...
(urīd an ursil) hādihi r-risāla min fadlak (f-ik) ...

Luftpost.

بِالْبَرِيدِ الْجَوِّيِّ
bi-l-barīd il-dschauwī

Express.

بِالْبَرِيدِ الْمُسْتَعْجَلِ
bi-l-barīd il-musta'dschal

Absender	mursil	مُرْسِلٌ
Adresse	'unwān	عُنْوَانٌ

Verpackung

Wer Postkarten nach Europa schicken möchte, sollte dies am Besten in einem Briefumschlag tun. Die wenigen Extra-Cent, die der Brief mehr kostet, sorgen dafür, dass die Karte auch ankommt.

Brief	risāla/maktūb	رِسَالَةٌ/مَكْتُوبٌ
~kasten	sandūq il-barīd	صَنْدُوقُ الْبَرِيدِ
~marke	tābi' il-barīd	طَابِعُ الْبَرِيدِ
~umschlag	ḍarf ir-risāla	ظَرْفُ الرِّسَالَةِ
Eilbrief	risāla musta'dschala	رِسَالَةٌ مُسْتَعْجَلَةٌ
Empfänger	al-mursal ilaīhi	اَلْمُرْسَلُ إِلَيْهِ
frankieren	wada'a tawābi' 'alā r-risāla	وَضَعَ طَوَابِعَ عَلَى الرِّسَالَةِ
Gebühr	rasm	رَسْمٌ
Gewicht	wasn	وَزْنٌ
Luftpost	barid dschawwī	بَرِيدٌ جَوِّيٌّ
Porto	rusūm il-barīd	رُسُومُ الْبَرِيدِ
Post|amt	maktab barīd	مَكْتَبُ بَرِيدٍ
~karte	bitāqa barīdīja	بِطَاقَةٌ بَرِيدِيَّةٌ
Schalter	schubbāk	شُبَّاكٌ

TAXI	tāksī/sajjārat il-udschra	تَاكْسِي/سَيَّارَةُ الْأُجْرَةِ

Vor-Sehen

Das Taxi ist ein günstiges und häufig benutztes Verkehrsmittel. In der Regel werden die Fahrpreise am Taxameter angezeigt. Wenn nicht, müssen Sie unbedingt vor der Fahrt den Fahrpreis aushandeln.

Wo ist der nächste Taxistand?	أَيْنَ يُوجَدُ أَقْرَبُ مَوْقِفٍ لِلتَّاكْسِي؟ ain jüdschad aqrab mauqif li-t-tāksī
Zum Bahnhof.	إِلَى مَحَطَّةِ الْقِطَارَاتِ ilā mahattat il-qitārāt
Zum ... Hotel.	إِلَى فُنْدُقٍ ... ilā funduq ...
In die ...-Straße.	إِلَى شَارِعٍ ... ilā schāri' ...

Nach ..., bitte.	ilā ... min fadlak	إِلَى ... مِنْ فَضْلِكَ
Wie viel kostet es nach ...?	kam il-udschra ilā ...	كَمِ الأُجْرَةُ إِلَى ...؟
Fahrpreis	ṯaman it-taḏkira/al-udschra	ثَمَنُ التَّذْكِرَةِ/اَلأُجْرَةُ
Taxilfahrer	sāiq tāksi	سَائِقُ تَاكْسِي
~stand	mauqif tāksī	مَوْقِفُ تَاكْسِي
Trinkgeld	baqschīsch	بَقْشِيشٌ

TELEFONIEREN	isti'māl il-hātif	إِسْتِعْمَالُ الْهَاتِفِ

Bitte ein Ferngespräch nach ...	مِنْ فَضْلِكَ مُخَابَرَةً خَارِجِيَّةً إِلَى ...
	min fadlak (f-ik) muchābara chāridschīja ilā ...
Ich möchte ein R-Gespräch anmelden.	مِنْ فَضْلِكَ أُرِيدُ أَنْ أُسَجِّلَ مُكَالَمَةً عَلَى حِسَابِ الْمُتَلَقِّي
	min fadlak (f-ik) urīd an usadschdschil mukālama 'alā hisāb il-mutalaqqī
Hier spricht ...	هُنَا ...
	hunā ...
Hallo, mit wem spreche ich?	أَلُو، مَنْ عَلَى الْهَاتِفِ؟
	alū, man 'alā l-hātif
Kann ich bitte Herrn/ Frau/Fräulein ... sprechen?	هَلْ مِنَ الْمُمْكِنِ أَنْ أَتَحَدَّثَ مَعَ السَّيِّدِ/ السَّيِّدَةِ/الآنِسَةِ ...؟
	hal min il-mumkin an atahaddaṯ ma'a s-sajjid/s-sajjida/l-ānisa ...

Neue Techniken

Noch nicht in allen Ländern der Region funktionieren Mobiltelefon und Internet. In den Städten gibt es Telefonkarten für internationale Gespräche. Selber wählen ist viel günstiger als vom Hotel vermittelte Gespräche. Vielerorts gibt es inzwischen Internet-Cafés.

anrufen	chābara/hātafa	خَابَرَ/هَاتَفَ
Auslandsgespräch	mukālama daulīja	مُكَالَمَةٌ دَوْلِيَّةٌ
durchwählen	rakkaba r-raqm mubāschara	رَكَّبَ الرَّقْمَ مُبَاشَرَةً
Gebühr	rasm	رَسْمٌ
Gespräch	muchābara/mukālama	مُخَابَرَةٌ/مُكَالَمَةٌ
Ortsgespräch	mukālama mahallīja	مُكَالَمَةٌ مَحَلِّيَّةٌ
R-Gespräch	mukālama 'alā hisāb il-mutalaqqī	مُكَالَمَةٌ عَلَى حِسَابِ الْمُتَلَقِّي
Telefon	hātif/telefōn	هَاتِفٌ/تِلِيفُونْ
~karte	bitāqat hātif	بِطَاقَةُ هَاتِفٍ
~nummer	raqm hātif	رَقْمُ هَاتِفٍ
Vermittlung	maqsam hātif/sintrāl	مَقْسَمُ هَاتِفٍ/سِنْتْرَالْ
Vorwahlnummer	raqm il-mintaqa l-hātifī	رَقْمُ الْمِنْطَقَةِ الْهَاتِفِيُّ

ZOLL/ PASSKONTROLLE	جُمْرُكٌ / مُرَاقَبَةُ جَوَازَاتِ السَّفَرِ
	dschumruk / murāqabat dschawāsāt is-safar

Ihren Pass, bitte!
جَوَازَ سَفَرِك، مِنْ فَضْلِكَ
dschawās safarak (f-ik), min fadlak (f-ik)

Haben Sie ein Visum?
هَلْ لَدَيْكَ تَأْشِيرَةٌ؟
hal ladaika (fladaiki) taschīra

Haben Sie etwas zu verzollen?
هَلْ لَدَيْكَ شَيْءٌ خَاضِعٌ لِلرُّسُومِ الْجُمْرُكِيَّةِ؟
hal ladaika (fladaiki) schai chādi' li-r-rusūm il-dschumrukīja

Nein, ich habe nur ein paar Geschenke.
كَلَّا، لَيْسَ لَدَيَّ سِوَى بَعْضِ الْهَدَايَا
kallā, laisa ladajja siwā ba'd il-hadājā

Vorsicht Visum!

In vielen arabischen Ländern braucht man ein Visum um einreisen zu können. Nicht vergessen sollte man auch, dass häufig eine Ausreisesteuer verlangt wird. Also bitte nicht das ganze einheimische Geld ausgeben, bevor es zum Flughafen geht.

Ausreise	safar/mughādara	سَفَرٌ/مُغَادَرَةٌ
Einreise	duchūl	دُخُولٌ
Familien|name	ism il-'āila	اِسْمُ الْعَائِلَةِ
~stand	al-wad' il-'āilī	اَلْوَضَعُ الْعَائِلِيُّ
ledig	a'sab (m) / 'asbā (f)	أَعْزَبُ / عَزْبَاءُ
verheiratet	mutasauwidsch (m) / mutasauwidscha (f)	مُتَزَوِّجٌ / مُتَزَوِّجَةٌ
verwitwet	armal (m) / armala (f)	أَرْمَلُ / أَرْمَلَةٌ
Führerschein	ruchsat il-qijāda	رُخْصَةُ الْقِيَادَةِ
Geburts|datum	tārīch il-wilāda	تَارِيخُ الْوِلَادَةِ
~name	ism il-mara qabl is-sawādsch	اِسْمُ الْمَرْأَةِ قَبْلَ الزَّوَاجِ
~ort	mahall il-wilāda	مَحَلُّ الْوِلَادَةِ
Personalausweis	bitāqa schachsīja/huwīja	بِطَاقَةٌ شَخْصِيَّةٌ/هُوِيَّةٌ
Reisepass	dschawās safar	جَوَازُ سَفَرٍ
Staatsangehörigkeit	dschinsīja	جِنْسِيَّةٌ
Visum	taschīra	تَأْشِيرَةٌ
Vorname	al-ism	اَلِاسْمُ
Wohnort	mahall il-iqāma	مَحَلُّ الْإِقَامَةِ
Zoll	dschumruk	جُمْرُكٌ
~frei	mu'fan min ir-rusūm	مُعْفًى مِنَ الرُّسُومِ
~pflichtig	chādi' li-r-rusūm	خَاضِعٌ لِلرُّسُومِ

Bloß nicht!

Diese Ausdrücke sollten Sie kennen, damit Sie wissen, wie Ihr Gesprächspartner Sie eventuell betitelt. Vorsicht: Für die Folgen eines unsachgemäßen Gebrauchs kann der Verlag nicht haftbar gemacht werden!

Verflixt!	jā nahār aswad	يَا نَهَارْ أَسْوَدْ!
Idiot! Blödian!	jā ghabī	يَا غَبِيُّ!
Esel!	jā himār	يَا حِمَارْ!
Narr!	jā tīs	يَا تِيسْ!
Hund!	jā kalb	يَا كَلْبْ!
Hundesohn!	jā bni l-kalb	يَا ابْنِ الكَلْبْ!
Dreckskerl!	jā wasich	يَا وَسِخْ!
Betrüger! Dieb!	jā nassāb, jā harāmī	يَا نَصَّابْ، يَا حَرَامِي!
niederträchtig!	jā nadl	يَا نَذْلْ!
Hast du noch alle Tassen im Schrank?	anta madschnūn	أَنْتَ مَجْنُونْ؟!
Hurensohn!	ibnu sch-scharmūta	ابْنُ الشَّرْمُوطَةْ!
Verdammt sei er und verdammt sei sein Vater!	jal'anuh wajal'an abūh	يَلْعَنُهُ وَيَلْعَنْ أَبُوهْ!
Alles ist mir scheißegal!	mal'ūn abū d-dunjā	مَلْعُونْ أَبُو الدُّنْيَا!
Verschwinde!	ughrub 'an wadschhī	أُغْرُبْ عَنْ وَجْهِي!
Geh' zum Teufel!	ruh fī sittīn dāhija	رُحْ فِي سِتِّينْ دَاهِيَةْ!
Halt's Maul!	sakkir fummak	سَكِّرْ فُمَّكْ!
Leck' mich am Arsch!	alhis tīdī	ألْحِسْ طِيظِي!

Die 555 wichtigsten Wörter

Die hinter der arabischen Aussprache aufgeführten Zahlen verweisen auf die entsprechenden Seiten der themenbezogenen Kapitel, wo Sie ein umfangreiches Vokabular zum entsprechenden Themenbereich finden.

A

abbestellen (*Zimmer*)	alghā hadschs …	... أَلْغَى حَجْزَ
Abend	masā/sahra	مَسَاءٌ/سَهْرَةٌ
Abfahrt	intilāq ➢ 30, 100	إِنْطِلَاقٌ
Abflug	iqlā' ➢ 28	إِقْلَاعٌ
Abreise	safar ➢ 68	سَفَرٌ
Abschied	wadā' ➢ 13	وَدَاعٌ
Achtung	intibāh	إِنْتِبَاهٌ
Adresse	'unwān ➢ 102	عُنْوَانٌ
allein	munfarid/wahduh	مُنْفَرِدًا/وَحْدَهُ
Alter	'umr	عُمْرٌ
Amt (*Dienststelle*)	idāra	إِدَارَةٌ
Angst	chauf	خَوْفٌ
anhalten	waqafa/auqafa	وَقَفَ / أَوْقَفَ
Ankunft	al-wusūl ➢ 29	اَلْوُصُولُ
Anmeldung	tasdschīl	تَسْجِيلٌ
Anruf	muchābara/mukālama ➢ 104 f.	مُخَابَرَةٌ/مُكَالَمَةٌ
Anschrift	'unwān	عُنْوَانٌ
Apotheke	saidalīja ➢ 52 f.	صَيْدَلِيَّةٌ
arm	faqir	فَقِيرٌ
Arzt	tabīb ➢ 92 ff.	طَبِيبٌ
aus	min	مِنْ
Ausflug	nusha ➢ 76	نُزْهَةٌ
ausfüllen	malā	مَلَأَ
Ausgang	machradsch	مَخْرَجٌ
Auskunft	isti'lām ➢ 22, 28, 30, 100	إِسْتِعْلَامٌ
Ausländer/in	adschnabī/adschnabīja	أَجْنَبِيٌّ/أَجْنَبِيَّةٌ
Ausweis (*Personal*)	bitāqa schachsīja	بِطَاقَةٌ شَخْصِيَّةٌ
Auto	sajjāra ➢ 21 ff.	سَيَّارَةٌ

B

Bahnhof	mahattat il-qitārāt ➢ 30 f.	مَحَطَّةُ الْقِطَارَاتِ
Bank (*Geldinstitut*)	masrif/bank ➢ 99	مَصْرِفٌ/بَنْكٌ
Beanstandung	i'tirād ➢ 35, 67	إِعْتِرَاضٌ
beantworten	adschāba	أَجَابَ

beenden	anhā	أَنْهَى
befinden, s. ~	inwadschada/kān maudschūd	إِنْوَجَدَ/كَانَ مَوْجُودًا
befürchten	chāfa/chaschija	خَافَ/خَشِيَ
begrüßen	sallama 'alā/rahhaba bi ➤ 9	سَلَّمَ عَلَى/رَحَّبَ بِ
behalten	hafida/ihtafada	حَفِظَ/إِحْتَفَظَ
Behörde	sulta/dāira	سُلْطَةٌ/دَائِرَةٌ
bei *(nahe)*	qurb	قُرْبَ
belästigen	as'adscha/dājaqa ➤ 101	أَزْعَجَ/ضَايَقَ
benachrichtigen	a'lama	أَعْلَمَ
benutzen	ista'mala	إِسْتَعْمَلَ
Beruf	mihna	مِهْنَةٌ
beschlagnahmen	hadschasa/sādara	حَجَزَ/صَادَرَ
beschweren, s. ~ (über)	schakā min	شَكَا مِنْ
besetzt *(Platz, Telefon)*	maschghūl ➤ 31	مَشْغُولٌ
Besichtigung	sijāra ➤ 75 ff.	زِيَارَةٌ
Besitzer	mālik/sāhib	مَالِكٌ/صَاحِبٌ
Bestellung	talab/hadschs ➤ 35	طَلَبٌ/حَجْزٌ
Betrag	mablagh ➤ 99	مَبْلَغٌ
betrunken	sakrān	سَكْرَانُ
bezahlen	dafa'a	دَفَعَ
billig	rachīs	رَخِيصٌ
bis	hattā/ilā	حَتَّى/إِلَى
Bitte	radschā ➤ 10	رَجَاءً
bleiben	baqija	بَقِيَ
Blut	dam ➤ 94	دَمٌ
Botschaft	sifāra	سِفَارَةٌ
Brand	hariq	حَرِيقٌ
brauchen	ihtādscha ilā	إِحْتَاجَ إِلَى
Brief	risāla ➤ 102 f.	رِسَالَةٌ
Brieftasche	mihfada ➤ 101	مِحْفَظَةٌ
Buchung	hadschs ➤ 28 f., 32	حَجْزٌ
Büro	maktab	مَكْتَبٌ

C

Café	maqha	مَقْهًى
Camping	tachjīm ➤ 70 f.	تَخْيِيمٌ
Chef	rais/mudīr	رَئِيسٌ/مُدِيرٌ

D

dafür sein	ajjada	أَيَّدَ
dagegen sein	'ārada	عَارَضَ
Datum	tārīch ➤ 18	تَارِيخٌ
defekt	fihi chalal ➤ 23, 26	فِيهِ خَلَلٌ
Deutsche, der, die ~	al-almāni/al-almānīja	اَلْأَلْمَانِيُّ/اَلْأَلْمَانِيَّةُ
Deutschland	almānja	أَلْمَانْيَا
Diebstahl	sirqa ➤ 101	سِرْقَةٌ
diese(r, -s)	hāda (m) / hādihi	هَذَا/هَذِهِ
Ding	schai	شَيْءٌ
Direktor	mudīr	مُدِيرٌ

Disko	diskō ➤ 78 f.	دِيسْكُو
Doktor	duktūr/tabīb	دُكْتُورٌ/طَبِيبٌ
draußen	chāridsch/fī l-chāridsch	خَارِجًا/فِي الْخَارِجِ
drin, drinnen	fī d-dāchil	فِي الدَّاخِلِ
dringend	mulihh/'ādschil	مُلِحٌّ/عَاجِلٌ
Drogerie	mahall mustahdarāt in-naḍāfa wa-t-tadschmīl ➤ 53 f., 63	مَحَلُّ مُسْتَحْضَرَاتِ النَّظَافَةِ وَالتَّجْمِيلِ
du	anta (ƒanti)	أَنْتَ / أَنْتِ
durstig	'atschān/'atschā (ƒ)	عَطْشَانُ / عَطْشَى

E

Ehe	sawādsch	زَوَاجٌ
Ehefrau / Ehemann	saudscha / saudsch	زَوْجَةٌ / زَوْجٌ
Ehepaar	as-saudschān	الزَّوْجَانِ
eilig	'ādschil	عَاجِلٌ
ein(e)	wāhid/wāhida	وَاحِدٌ/وَاحِدَةٌ
Eingang	madchal	مَدْخَلٌ
einkaufen	ischtarā/tasauwaqa ➤ 49 ff.	إِشْتَرَى/تَسَوَّقَ
einladen	da'ā	دَعَا
Eintrittskarte	taḍkirat duchūl ➤ 80, 83	تَذْكِرَةُ دُخُولٍ
Eisenbahn	as-sikka l-hadīdīja ➤ 30 f.	اَلسِّكَّةُ الْحَدِيدِيَّةُ
Elektrohandlung	mahall il-adawāt il-kahrabāīja ➤ 54, 64	مَحَلُّ الْأَدَوَاتِ الْكَهْرَبَائِيَّةِ
Eltern	wālidān	وَالِدَانِ
Empfänger	al-mursal ilaihi ➤ 103	اَلْمُرْسَلُ إِلَيْهِ
englisch	ingilīsī	إِنْكِلِيزِيٌّ/إِنْجِلِيزِيٌّ
entfernt	ba'īd	بَعِيدٌ
Entschuldigung	'uḍr/i'tiḍār ➤ 10	عُذْرٌ/إِعْتِذَارٌ
er	huwa	هُوَ
Ergebnis	natīdscha ➤ 83	نَتِيجَةٌ
erklären *(angeben)*	sarraha	صَرَّحَ
(deutlich machen)	scharaha	شَرَحَ
erkundigen, s. ~	ista'lama	إِسْتَعْلَمَ
Erlaubnis	samāh/iḍn	سَمَاحٌ/إِذْنٌ
Ersatz *(Schaden~)*	ta'wīd	تَعْوِيضٌ
Erwachsene(r)	bāligh	بَالِغٌ
essbar	sālih li-l-akl	صَالِحٌ لِلْأَكْلِ
Essen	ta'ām ➤ 33 ff., 56 ff.	طَعَامٌ
essen	akala	أَكَلَ
Europa	urubba	أُورُوبَّا

F

Fabrik	masna'	مَصْنَعٌ
fahren	sāfara	سَافَرَ
(lenken)	qāda	قَادَ
Fahrkarte	taḍkira ➤ 31, 100	تَذْكِرَةٌ
Fahrplan	dschadwal mawā'īd is-safar ➤ 31	جَدْوَلُ مَوَاعِيدِ السَّفَرِ
Fahrrad	darrādscha ➤ 21 ff.	دَرَّاجَةٌ
Fahrstuhl	mas'ad	مَصْعَدٌ
Fahrt	safar	سَفَرٌ

fallen	saqata	سَقَطَ
falsch	chatá	خَطَأ
Familie	usra	أُسْرَة
Familienname	ism il-'áila ➤ 106	اِسْمُ الْعَائِلَةِ
Farbe	laun	لَوْن
Feiertag	jaum 'utla ➤ 20	يَوْم عُطْلَةٍ
Ferien	'utla/idschása	عُطْلَة/إِجَازَة
Fest	'íd	عِيد
Feuer	nár	نَار
Feuerlöscher	dschihás il-itfá	جِهَازُ الْإِطْفَاء
Feuerwehr	al-itfáija/al-matáfí	الْإِطْفَائِيَّة/الْمَطَافُ
Firma	muassasa tidschárija	مُؤَسَّسَة تِجَارِيَّة
Fisch	samaka ➤ 41, 45	سَمَكَة
Flasche	sudschádscha	زُجَاجَة
Fleisch	lahm ➤ 45 f.	لَحْم
Flirt	mughásala ➤ 11 f.	مُغَازَلَة
Flug	rihla dschauwija/tajarán ➤ 28 ff.	رِحْلَة جَوِّيَّة/طَيَرَان
Formular	istimára ➤ 99	اِسْتِمَارَة
Foto	súra ➤ 54 f., 64	صُورَة
Frage	suál	سُؤَال
Frau	mara	مَرْأَة
(Anrede)	sajjida	سَيِّدَة
Ehe~	saudscha	زَوْجَة
frei	hurr	حُرّ
(nicht besetzt)	schághir	شَاغِر
fremd *(unbekannt)*	gharíb	غَرِيب
(ausländisch)	adschnabí	أَجْنَبِيّ
Fremdenführer	dalíl sijáhí ➤ 77	دَلِيل سِيَاحِيّ
Freund/in	sadíq/sadíqa	صَدِيق/صَدِيقَة
frieren	barada/tadschammada	بَرَدَ/تَجَمَّدَ
Friseur/Friseuse	halláq/kuwáfíra ➤ 55 f.	حَلَّاق/كُوَافِيرَة
frühstücken	aftara ➤ 42 f.	أَفْطَرَ
Führerschein	ruchsat il-qijáda	رُخْصَةُ الْقِيَادَة
Führung	sijára ma'a dalíl ➤ 76 f.	زِيَارَة مَعَ دَلِيل
funktionieren	'amila/ischtaghala	عَمِلَ/اِشْتَغَلَ
für	min adschl	مِنْ أَجْلِ
fürchten , s. ~ vor	cháfa/chaschija	خَافَ/خَشِيَ

G

Gast	daíf	ضَيْف
Gastgeber/in	mudíf/mudífa	مُضِيف/مُضِيفَة
Gebäude	mabna	مَبْنًى
geben	a'tá	أَعْطَى
Gebet	salát	صَلَاة
Gebirge	dschibál ➤ 77	جِبَال
geboren	maulúd	مَوْلُود
Gebühr	rasm ➤ 103, 105	رَسْم
Geburt	wiláda/míláid	وِلَادَة/مِيلَاد

gefährlich	chatir	خَطِرٌ
Gefängnis	sidschn ➤ 101	سِجْنٌ
gehen	dahaba	ذَهَبَ
zu Fuß ~	maschā	مَشَى
Geld	naqd ➤ 99	نَقْدٌ
geöffnet	maftūh	مَفْتُوحٌ
Gepäck	amti'a/haqāib ➤ 29	أَمْتِعَةٌ / حَقَائِبُ
gern	bi-surūr	بِسُرُورٍ
Geschäft *(Laden)*	mahall	مَحَلٌّ
Geschenk	hadīja	هَدِيَّةٌ
geschlossen	mughlaq	مُغْلَقٌ
Geschwindigkeit	sur'a	سُرْعَةٌ
Gesundheit	sihha	صِحَّةٌ
Getränk	scharāb ➤ 42, 47 f.	شَرَابٌ
Gewicht	wasn	وَزْنٌ
Gewitter	'āsifa ra'dīja	عَاصِفَةٌ رَعْدِيَّةٌ
Gift	summ	سُمٌّ
Glück	sa'āda/hadd	سَعَادَةٌ/حَظٌّ
Glückwunsch	tahnia ➤ 13	تَهْنِئَةٌ
Gott	allāh	اللهُ
Grenze	hudūd ➤ 105 f.	حُدُودٌ
Größe *(Kleidung)*	maqās	مَقَاسٌ
(Schuhe)	nimra	نِمْرَةٌ
(Format)	hadschm	حَجْمٌ
Großmutter/-vater	dschadda / dschadd	جَدَّةٌ / جَدٌّ
Grund *(Ursache)*	sabab	سَبَبٌ
Gruppe	madschmū'a	مَجْمُوعَةٌ
gültig	sārī l-maf'ūl	سَارِي الْمَفْعُولِ

H

haben	malaka	مَلَكَ
Hafen	marfa/mīnā ➤ 32	مَرْفَأٌ/مِينَاءٌ
Hallo!	marhaba	مَرْحَبًا!
Halt!	qif	قِفْ!
Haltestelle	mauqif/mahatta ➤ 100	مَوْقِفٌ/مَحَطَّةٌ
Haus	bait	بَيْتٌ
Heimat	watan	وَطَنٌ
heiraten	tasauwadscha	تَزَوَّجَ
heiß *(Wetter)*	hārr ➤ 20	حَارٌّ
(Wasser)	sāchin ➤ 37	سَاخِنٌ
Heizung	tadfia ➤ 67 f.	تَدْفِئَةٌ
hell	sāti'	سَاطِعٌ
Herr *(Anrede)*	sajjid	سَيِّدٌ
heute	al-jaum ➤ 18	اَلْيَوْمَ
hier	hunā	هُنَا
Hilfe	musā'ada	مُسَاعَدَةٌ
Hochzeit *(Feier)*	'urs/farah *(äg.)*	عُرْسٌ/فَرَحٌ
Hotel	funduq ➤ 65 ff.	فُنْدُقٌ
hungrig	dschāi'	جَائِعٌ

I

ich	anā	أَنَا
immer	dāiman	دَائِمًا
in	fī	فِي
innen	fī d-dāchil	فِي الدَّاخِلِ
Innenstadt	markas il-madīna	مَرْكَزُ الْمَدِينَةِ
Insekt	haschara	حَشَرَةٌ
Insel	dschasīra	جَزِيرَةٌ
Irrtum	chata	خَطَأٌ

J

Jahr	sana	سَنَةٌ
jeder, jedes	kull wāhid	كُلُّ وَاحِدٍ
jemand	wāhid	وَاحِدٌ
Jugendherberge	bait isch-schabāb ➤ 71	بَيْتُ الشَّبَابِ
jung	schābb	شَابٌّ

K

kalt	bārid ➤ 20, 37	بَارِدٌ
kaputt	tālif/charib	تَالِفٌ/خَرِبٌ
Kasse	schubbāk it-tadākir ➤ 80, 83	شُبَّاكُ التَّذَاكِرِ
kaufen	ischtarā	إِشْتَرَى
keine(r, -s)	lā ahad	لَا أَحَدَ
Kellner	nādil/dscharsūn	نَادِلٌ/جَرْسُونْ
kennen	'arafa	عَرَفَ
Kleidung	ṭijāb/malābis ➤ 58 f.	ثِيَابٌ/مَلَابِسُ
Kneipe	bār/hāna ➤ 78 f.	بَارٌ/حَانَةٌ
Koffer	haqība	حَقِيبَةٌ
kommen	dschā/atā	جَاءَ/أَتَى
Kondom	kabbūd/wāqi	كَبُّودٌ/وَاقٍ
Konsulat	qunsulīja	قُنْصُلِيَّةٌ
Kontakt	ittisāl	إِتِّصَالٌ
kontrollieren (durchsuchen)	fattascha	فَتَّشَ
Körper	dschism ➤ 94 ff.	جِسْمٌ
kosten	kallafa	كَلَّفَ
krank	marīd ➤ 92 ff.	مَرِيضٌ
Kreditkarte	biṭāqat il-istilāf ➤ 50, 99	بِطَاقَةُ الْإِسْتِلَافِ
Krieg	harb	حَرْبٌ
kühl	ratib/bārid	رَطِبٌ/بَارِدٌ
Kultur	ṭaqāfa ➤ 75 ff.	ثَقَافَةٌ
Kuss	qubla	قُبْلَةٌ
Küste	schāti/sāhil	شَاطِئٌ/سَاحِلٌ

L

lachen	dahika	ضَحِكَ
Laden	dukkān/mahall	دُكَّانٌ/مَحَلٌّ

Land (Ggs. zu Stadt)	rīf	رِيفٌ
(pol)	daula/balad	دَوْلَةٌ / بَلَدٌ
Landkarte	charīta ➤ 61	خَرِيطَةٌ
Landschaft	manḍar tabī'ī	مَنْظَرٌ طَبِيعِيٌّ
Länge	tūl	طُولٌ
Lärm	dadschdscha	ضَجَّةٌ
lassen	taraka	تَرَكَ
laut (adj/adv)	'ālī / bi-saut 'ālī	عَالٍ / بِصَوْتٍ عَالٍ
leben	'āscha	عَاشَ
Lebensmittel	mawādd ghiḍāija ➤ 33 ff., 56 ff.	مَوَادُّ غِذَائِيَّةٌ
ledig	a'sab (m) / 'asbā (f) ➤ 106	أَعْزَبُ / عَزْبَاءُ
leer	fārigh	فَارِغٌ
leicht (Gewicht)	chafīf	خَفِيفٌ
leihen (Geld)	aqrada	أَقْرَضَ
leise (adj/adv)	munchafiḍ / bi-saut munchafiḍ	مُنْخَفِضٌ / بِصَوْتٍ مُنْخَفِضٍ
Licht	dau/nūr	ضَوْءٌ/نُورٌ
lieb	habīb/'asīs	حَبِيبٌ/عَزِيزٌ
lieben	ahabba	أَحَبَّ
links	jasār	يَسَارًا
Lokal	mat'am	مَطْعَمٌ
löschen	atfaa	أَطْفَأَ
Lüge	kiḍba	كِذْبَةٌ

M

machen	'amila	عَمِلَ
Mädchen	bint/fatāt	بِنْتٌ/فَتَاةٌ
Mann	radschul	رَجُلٌ
Markt	sūq ➤ 51, 77	سُوقٌ
Maschine	mākīna/āla	مَاكِينَةٌ/آلَةٌ
Medikament	dawā ➤ 52 f., 63	دَوَاءٌ
Meer	bahr	بَحْرٌ
Mensch	insān	إِنْسَانٌ
Miete	udschra ➤ 70	أُجْرَةٌ
missverstehen	asā l-fahm	أَسَاءَ الْفَهْمَ
mit	ma'a/bi	مَعَ/بِ
mitbringen	ahdara ma'ahu	أَحْضَرَ مَعَهُ
mitnehmen	achaḍa ma'ahu	أَخَذَ مَعَهُ
Mittagessen	ghadā ➤ 33 ff.	غَدَاءٌ
Mitte	wasat	وَسَطٌ
Mittel (gegen)	dawā (didd) ➤ 52 f.	دَوَاءٌ (ضِدَّ)
Monat	schahr ➤ 19	شَهْرٌ
Mond	al-qamar	الْقَمَرُ
Motor	muharrik/mōtör ➤ 23, 27	مُحَرِّكٌ/مُوتُورٌ
Motorrad	darrādscha nārīja ➤ 21 ff.	دَرَّاجَةٌ نَارِيَّةٌ
Mücke	nāmūsa	نَامُوسَةٌ
müde	ta'ib	تَعِبٌ
Müll	sibāla/qumāma ➤ 70	زِبَالَةٌ/قُمَامَةٌ
Münze	qit'at nuqūd	قِطْعَةُ نُقُودٍ
Museum	mathaf ➤ 76 f.	مَتْحَفٌ

Musik	müsïqä	مُوسِيقَى
müssen	wadschaba	وَجَبَ
Mutter	umm	أُمٌّ

N

nach *(zeitlich)*	ba'd ...	بَعْدَ ...
Nachricht	chabar	خَبَرٌ
Name	ism ➤ 9, 106	إِسْمٌ
nass	mablül	مَبْلُولٌ
Natur	tabï'a	طَبِيعَةٌ
neben	bi-dschänib	بِجَانِبِ
nennen	sammä	سَمَّى
neu *(ungebraucht)*	dschadïd/hadïṭ	جَدِيدٌ/حَدِيثٌ
nie	abadan	أَبَدًا
niemand	lä ahad	لَا أَحَدَ
Norden	asch-schimäl	ٱلشِّمَالُ
nötig/notwendig	darürï/läsim	ضَرُورِيٌّ/لَازِمٌ
Nummer	raqm	رَقْمٌ
nur	faqat	فَقَطْ

O

oben	fauq	فَوْقَ
Ober *(Anrede)*	nädil	نَادِلٌ
Obst	fäkiha/fawäkih ➤ 40, 46	فَاكِهَةٌ/فَوَاكِهُ
oder	au	أَوْ
offen	maftüh/sarïh	مَفْتُوحٌ/صَرِيحٌ
oft	kaṭir mä	كَثِيرًا مَا
ohne	bi-lä/dün	بِلَا/دُونَ
Optiker	mahall in-naḍḍärätï ➤ 60	مَحَلُّ النَّظَّارَاتِيِّ
Ort	makän	مَكَانٌ
Osten	asch-scharq	ٱلشَّرْقُ
Österreich	an-nimsä	ٱلنِّمْسَا

P

Paar, ein ~	sadsch	زَوْجٌ
Paket	tard ➤ 102 f.	طَرْدٌ
Panne	'utl ➤ 23, 27	عُطْلٌ
Papiere	ruchsat is-sajjära wa s-säiq ➤ 27, 102	رُخْصَةُ السَّيَّارَةِ وَالسَّائِقِ
parken	rakana s-sajjära	رَكَنَ السَّيَّارَةَ
Pass *(Ausweis)*	dschawäs safar	جَوَازُ سَفَرٍ
Passkontrolle	muräqabat dschawäsät is-safar ➤ 105 f.	مُرَاقَبَةُ جَوَازَاتِ السَّفَرِ
Pension	nusul/bansjön ➤ 65 ff.	نُزُلٌ/بَنْسْيُونْ
Person	schachs	شَخْصٌ
Personalausweis	bitäqat iṭbät isch-schachsïja/huwïja	بِطَاقَةُ إِثْبَاتِ الشَّخْصِيَّةِ/هُوِيَّةٌ
Pflanze	nabta	نَبْتَةٌ
Pflicht	wädschib	وَاجِبٌ
Platz	makän	مَكَانٌ
Politik	sijäsa	سِيَاسَةٌ
Polizei	schurta/bülïs ➤ 101 f.	شُرْطَةٌ/بُولِيسْ

Postamt	maktab barīd ➤ 102 f.	مَكْتَبُ بَرِيدٍ
Preis	si'r	سِعْرٌ
prüfen	ichtabara	اِخْتَبَرَ
pünktlich	fī l-mī'ād	في المِيعَادِ

Q

| Qualität | kaifīja/sinf | كَيْفِيَّةٌ/صِنْفٌ |
| quittieren | a'tā īsāl | أَعْطَى إِيصَالًا |

R

Radio	rādjō/midjā'	رَادْيُو/مِذْيَاعٌ
Rathaus	dār il-baladīja ➤ 77	دَارُ البَلَدِيَّةِ
Raum	makān/ghurfa	مَكَانٌ/غُرْفَةٌ
Rechnung	hisāb/fātūra ➤ 36	حِسَابٌ/فَاتُورَةٌ
rechts	jamīn	يَمِينًا
reden	takallama	تَكَلَّمَ
Regierung	hukūma	حُكُومَةٌ
regnen	amtarat is-samā ➤ 20	أَمْطَرَتِ السَّمَاءُ
reich	ghanī	غَنِيٌّ
reinigen	naddafa ➤ 67 f.	نَظَّفَ
Reise	safar/rihla	سَفَرٌ/رِحْلَةٌ
Reiseführer	dalīl sijāhī ➤ 77	دَلِيلٌ سِيَاحِيٌّ
Reisepass	dschawās safar ➤ 102, 106	جَوَازُ سَفَرٍ
reklamieren	tālaba ➤ 35, 67	طَالَبَ
Reservierung	hadschs	حَجْزٌ
Restaurant	mat'am ➤ 33 ff.	مَطْعَمٌ
retten	anqada	أَنْقَذَ
Rezeption	maktab il-istiqbāl ➤ 66 f.	مَكْتَبُ الاسْتِقْبَالِ
Richtung	ittidschāh	اِتِّجَاهٌ
Rückkehr	'auda/ījāb	عَوْدَةٌ/إِيَابٌ

S

sagen	qāla	قَالَ
sauber	nadīf	نَظِيفٌ
Schadenersatz	ta'wīd 'an id-darar	تَعْوِيضٌ عَنِ الضَّرَرِ
Scheck	schīk ➤ 99	شِيكٌ
schenken	ahdā	أَهْدَى
schlafen	nāma	نَامَ
schlecht (adj/adv)	sajj / bi-hāla sajja	سَيِّئٌ / بِحَالَةٍ سَيِّئَةٍ
schließen	aghlaqa	أَغْلَقَ
Schloss (Tür)	qufl	قُفْلٌ
Schlüssel	miftāh ➤ 67, 69	مِفْتَاحٌ
Schmerzen	alam/wadscha'	أَلَمٌ/وَجَعٌ
Schmuck	hali ➤ 61	حَلْيٌ
schmuggeln	harraba	هَرَّبَ
Schmutz	wasach	وَسَخٌ
schnell (adj/adv)	sarī' / bi-sur'a	سَرِيعٌ / بِسُرْعَةٍ
schreiben	kataba	كَتَبَ

Schreibwarenladen	mahall bai' il-qirtāsīja/maktaba ➤ 61	مَحَلُّ بَيْعِ الْقِرْطَاسِيَّةِ/مَكْتَبَةٌ
schriftlich	chattī/tahrīrī	خَطِّيٌّ/تَحْرِيرِيٌّ
Schuh	hiḏā ➤ 60	حِذَاءٌ
Schuld	dain	دَيْنٌ
(Vergehen)	ḏanb	ذَنْبٌ
schwanger	hāmil/hublā	حَامِلٌ/حُبْلَى
Schweiz	swīsrā	سُويسْرا
schwer	ṯaqīl/sa'b	ثَقِيلٌ/صَعْبٌ
Schwester	ucht	أُخْتٌ
schwierig	sa'b	صَعْبٌ
See, der~/ die ~	buhaira/bahr	بُحَيْرَةٌ/بَحْرٌ
sehen	raā/schāhada	رَأَى/شَاهَدَ
Sehenswürdigkeiten	ma'ālim ➤ 75 ff.	مَعَالِمُ
seit	munḏu	مُنْذُ
selten *(adj/adv)*	nādir/nādiran	نَادِرٌ/نَادِرًا
Sendung *(Radio, TV)*	iḏā'a	إِذَاعَةٌ
Sex	dschins	جِنْسٌ
Sicherheit	amān	أَمَانٌ
sie *nom sing*	hija	هِيَ
pl	hum, hunna	هُمْ، هُنَّ
Sie	anta (fanti)/antum	أَنْتَ/أَنْتُمْ
Sohn	ibn	اِبْنٌ
Sonne	asch-schams ➤ 20	اَلشَّمْسُ
später	ba'd ḏālik	بَعْدَ ذَلِكَ
Speisekarte	qāimat il-aṭ'ima ➤ 35, 43 ff.	قَائِمَةُ الْأَطْعِمَةِ
Sport	rijāda ➤ 81 ff.	رِيَاضَةٌ
Sprache	lugha	لُغَةٌ
sprechen	takallama/tahaddaṯa	تَكَلَّمَ/تَحَدَّثَ
Staat	daula	دَوْلَةٌ
Stadt	madina	مَدِينَةٌ
stechen *(Insekt)*	ladagha	لَدَغَ
stehlen	saraqa	سَرَقَ
Stelle *(Ort)*	makān/mahall	مَكَانٌ/مَحَلٌّ
sterben	māta/tuwuffija	مَاتَ/تُوُفِّيَ
Stil	uslūb/tirās	أُسْلُوبٌ/طِرَازٌ
still *adj*	sākin/hādi	سَاكِنٌ/هَادِئٌ
adv	bi-hudū	بِهُدُوءٍ
Stockwerk	ṭābiq/daur	طَابِقٌ/دَوْرٌ
stören	as'adscha	أَزْعَجَ
stornieren	alghā l-hadschs ➤ 28, 30	أَلْغَى الْحَجْزَ
Strafe	'uqūba/dschasā	عُقُوبَةٌ/جَزَاءٌ
Strand	schāṭi l-bahr ➤ 81 ff.	شَاطِئُ الْبَحْرِ
Straße	schāri'/tariq ➤ 27, 100	شَارِعٌ/طَرِيقٌ
studieren	darasa	دَرَسَ
Stuhl	kursi/maq'ad	كُرْسِيٌّ/مَقْعَدٌ
Stunde	sā'a ➤ 17	سَاعَةٌ
suchen	bahaṯa/fattascha ('an)	بَحَثَ/فَتَّشَ (عَنْ)
Süden	al-dschanūb	اَلْجَنُوبُ

T

Tabak	duchān ➤ 62, 64	دُخَانٌ
Tag *(Ggs. zu Nacht)*	nahār	نَهَارٌ
(24 Stunden)	jaum ➤ 17 ff.	يَوْمٌ
Tankstelle	mahattat il-bansīn ➤ 22	مَحَطَّةُ الْبَنْزِينِ
tanzen	raqasa ➤ 78 ff.	رَقَصَ
tauschen	istabdala	إِسْتَبْدَلَ
Taxi	taksi/sajjārat udschra ➤ 103 f.	تَاكْسِي/سَيَّارَةُ أُجْرَةٍ
Telefon	hātif/telefōn ➤ 104 f.	هَاتِفٌ/تِلِيفُونٌ
Temperatur	daradschat il-harāra ➤ 20	دَرَجَةُ الْحَرَارَةِ
teuer	ghāli	غَالٍ
Theater	masrah ➤ 79 f.	مَسْرَحٌ
tief	'amīq	عَمِيقٌ
Tier	haiawān	حَيَوَانٌ
Tisch	tāwila/māida	طَاوِلَةٌ/مَائِدَةٌ
Tochter	ibna/bint	إِبْنَةٌ/بِنْتٌ
Toilette	mirhād/tuwālēt	مِرْحَاضٌ/تُوَالِيتْ
tot	majjit	مَيِّتٌ
traurig *(adj/adv)*	hasīn / fī husn	حَزِينٌ / فِي حُزْنٍ
treffen	laqija/sādafa	لَقِيَ/صَادَفَ
Treppe	daradsch	دَرَجٌ
trinken	schariba ➤ 33 ff.	شَرِبَ
Trinkgeld	baqschīsch ➤ 36, 104	بَقْشِيشٌ
Trinkwasser	mā isch-schurb	مَاءُ الشُّرْبِ
tun	fa'ala/'amila	فَعَلَ/عَمِلَ
Tür	bāb	بَابٌ

U

überfallen	i'tadā ('alā)	إِعْتَدَى (عَلَى)
übernachten	bāta ➤ 65 ff.	بَاتَ
übersetzen	tardschama	تَرْجَمَ
überweisen *(Geld)*	hawwala	حَوَّلَ
Ufer	sāhil/diffa	سَاحِلٌ/ضِفَّةٌ
Uhr	sā'a ➤ 17	سَاعَةٌ
umsonst *(gratis)*	madschdschānan	مَجَّانًا
(vergebens)	bi-lā dschadwā	بِلَا جَدْوَى
umsteigen	baddala l-qitār	بَدَّلَ الْقِطَارَ
umtauschen	baddala ➤ 99	بَدَّلَ
und	wa	وَ
Unfall	hādit ➤ 24	حَادِثٌ
Unglück	musība	مُصِيبَةٌ
ungültig	bātil/mulgha	بَاطِلٌ/مُلْغًى
unmöglich	ghair mumkin	غَيْرُ مُمْكِنٍ
uns	-nā	ـنَا
unschuldig	barī	بَرِيءٌ
unser, e	-nā/al-chāss bi-nā	ـنَا/الْخَاصُّ بِنَا
Unterhaltung	taslīja ➤ 78 ff.	تَسْلِيَةٌ
(Vergnügen)		

Unterkunft	mansil/maskan	مَنْزِلٌ/مَسْكَنٌ
Unterschied	farq	فَرْقٌ
Unterschrift	tauqi'/imdā ➤ 99	تَوْقِيعٌ/إِمْضَاءٌ
Urlaub	'utla/idschāsa	عُطْلَةٌ/إِجَازَةٌ

V

Vater	ab/wālid	أَبٌ/وَالِدٌ
Verabredung	mau'id ➤ 11 f.	مَوْعِدٌ
Veranstaltung	hafl/hafla ➤ 79 f.	حَفْلٌ/حَفْلَةٌ
verbieten	mana'a	مَنَعَ
verboten!	mamnū'	مَمْنُوعٌ
verdienen	rabiha/istahaqqa	رَبِحَ/إِسْتَحَقَّ
verdorben *(faul)*	fāsid/tālif	فَاسِدٌ/تَالِفٌ
vergessen	nasija	نَسِيَ
Vergewaltigung	ightisāb ➤ 102	إِغْتِصَابٌ
Vergiftung	tasammum ➤ 98	تَسَمُّمٌ
Vergnügen	taslīja/lahw ➤ 78 ff.	تَسْلِيَةٌ/لَهْوٌ
verheiratet	mutasauwidsch ➤ 106	مُتَزَوِّجٌ
verirren, s. ~	tāha/dalla	تَاهَ/ضَلَّ
Verkehr	sair	سَيْرٌ
verlängern	maddada/atāla	مَدَّدَ/أَطَالَ
verlieren	faqada ➤ 100, 102	فَقَدَ
verloben, s. ~	chataba	خَطَبَ
Verlust	fuqdān ➤ 100	فُقْدَانٌ
vermieten	adschdschara ➤ 24, 70	أَجَرَ
Versprechen	wa'd	وَعْدٌ
verständigen, jdn ~	achbara	أَخْبَرَ
verstehen	fahima	فَهِمَ
verwandt	qarīb li	قَرِيبٌ لِ
viel	katīr	كَثِيرٌ/كَثِيرًا
vielleicht	rubbama/min il-mumkin	رُبَّمَا/مِنَ الْمُمْكِنِ
Visum	taschira ➤ 105 f.	تَأْشِيرَةٌ
Voranmeldung	mau'id sābiq ➤ 71	مَوْعِدٌ سَابِقٌ
Vorname	al-ism ➤ 106	آلْاِسْمُ
Vorsicht!	intabih	إِنْتَبِه!

W

Währung	'umla ➤ 99	عُمْلَةٌ
warm	dāfi ➤ 20	دَافِئٌ
warten	intadara	إِنْتَظَرَ
waschen	ghasala	غَسَلَ
Wasser	mā ➤ 38, 48, 67	مَاءٌ
wechseln *(Geld)*	sarrafa/hawwala ➤ 99	صَرَّفَ/حَوَّلَ
wecken	aiqada	أَيْقَظَ
Weg	tarīq	طَرِيقٌ
weiblich	untawi/nisāi	أُنْثَوِيٌّ/نِسَائِيٌّ
weit *(entfernt)*	ba'īd	بَعِيدٌ
Welt	al-'ālam	ألْعَالَمُ

Werkstatt	warschat it-taslīh ➤ 23	وَرْشَةُ التَّصْلِيحِ
werktags	fī ajjām il-'amal	فِي أَيَّامِ الْعَمَلِ
Wert	qīma/ṯaman	قِيمَةٌ/ثَمَنٌ
Westen	al-gharb	اَلْغَرْبُ
Wetter	taqs ➤ 20	طَقْسٌ
wichtig	muhimm/hāmm	مُهِمٌّ/هَامٌّ
wiegen	wasana	وَزَنَ
Woche	usbū' ➤ 19	أُسْبُوعٌ
wohnen	sakana	سَكَنَ
Wohnort, Wohnsitz	mahall il-iqāma ➤ 106	مَحَلُّ الإِقَامَةِ
wollen	arāda	أَرَادَ
(wünschen)	raghiba/arāda	رَغِبَ/أَرَادَ

Z

Zahl	'adad ➤ 16	عَدَدٌ
zahlen	dafa'a/saddada	دَفَعَ/سَدَّدَ
Zahnarzt	tabīb asnān ➤ 92 ff.	طَبِيبُ أَسْنَانٍ
zeigen	arā	أَرَى
Zeit	waqt/saman ➤ 17 ff.	وَقْتٌ/زَمَنٌ
Zeitschrift	madschalla ➤ 62	مَجَلَّةٌ
Zentrum	markas	مَرْكَزٌ
Zeuge	schāhid	شَاهِدٌ
Ziel (Reise~)	wudschhat is-safar	وُجْهَةُ السَّفَرِ
Zimmer	ghurfa ➤ 65	غُرْفَةٌ
Zoll	dschumruk ➤ 105 f.	جُمْرُكٌ
Zug	qitār ➤ 30 ff.	قِطَارٌ

Impressum

Unsere Autoren haben nach bestem Wissen recherchiert. Trotzdem schleichen sich manchmal Fehler ein, für die der Verlag keine Haftung übernehmen kann.
Titelbild: Arabisches Hotel (Visum)
Fotos: Gettyone Stone (89); HB-Verlag (1, 2, 3, 7, 21, 33, 49, 65, 75, 81, 85/W. Gartung, 91); Ali Mitgutsch „Komm mit ans Wasser" © © Ravensburger Buchverlag, Otto Maier GmbH (87); Wolpert & Strehle Fotodesign (14, 39–42, 62–64, 72–74, 88)
3. aktualisierte Auflage 2002 © Mairs Geographischer Verlag, Ostfildern
© auf der Basis PONS Reisewörterbuch Arabisch
Copyright Ernst Klett Verlag GmbH, Stuttgart
1993 und 2000 bearbeitet von Dr. M. Sadek Trad; für Marco Polo überarbeitet von Michaela Wittrich-Pfänder
Redaktion: Ernst Klett Verlag GmbH, Stuttgart; Mairs Geographischer Verlag, Ostfildern; Barbara Pflüger, Stuttgart; Regina Reinboth-Kämpf, Esslingen
Mitarbeit an diesem Werk: Martin Strüber, Ditzingen, unter Mitwirkung von Maysa Mourad, Ditzingen
Gestaltungskonzept: red.sign, Stuttgart
Satz: Fotosatz Kaufmann, Stuttgart
Printed in Germany